KB075931

墨子 : 庶民社會的主張

楊照 著

© 2014 Yang Zhao

Korean translation copyright © 2017 by UU PRESS
Korean translation rights arranged with Yang Zhao
through The Institute of Sino-Korean Culture.

묵자를
읽다

생 활 밀 착 형 서 민 철 학 자 를 이 해 하 는 법

양자오 지음 · 류방승 옮김

유유 동양고전강의 **7**

서문:
동양고전 읽는 법

1

2007년부터 2011년까지 5년간, 저는 민룽 강당敏隆講堂에서 '중국 역사 다시 보기'重新認識中國歷史 강좌를 개설하고 13기에 걸쳐 130강을 강의했습니다. 신석기에서 신해혁명까지 중국 역사를 죽 훑는 이 통사 강좌는 전통적인 해설을 벗어나 신사학 혁명新史學革命● 이후 지난 100여 년간 중국 역사 연구의 새롭고 중요한 발견과 해석을 소개하는 데 역점을 두었습니다. '중국 역사 다시 보기'라는 제목도 그래서 달았지요.

'중국 고전을 읽다' 시리즈는 원래 이 통사 강좌에 이어

●근대적인 방법론에 입각한 새로운 역사학.

지는 형식이어서 고전의 선별도 같은 취지로 역사적 관점에서 이루어졌습니다. 중국 역사를 다른 방식으로 한 번 더 강의하는 셈이지요.

저는 통사 강좌에서는 수천 년 중국 역사의 거대하고 유장한 흐름 가운데 제가 중요하다고 여기거나 소개할 만하며 함께 이야기할 만한 부분을 가려 뽑아 중국 역사를 보여주려 했습니다. 반면 '중국 고전을 읽다'에서는 주관적인 선택과 판단을 줄여, 독자들이 직접 고전을 통해 중국 역사를 살피고 이해하게 되기를 바라고 있습니다.

오늘날의 일상 언어로 직접 수천 년 전 고전을 읽고 역사를 이해한다는 것은 매우 보기 드문 행운입니다. 현대 중국인은 2천여 년 전의 중국 문자를 번역 없이 읽을 수 있고, 정보의 대부분을 직관적으로 파악할 수 있으며, 조금만 더 시간을 들이면 보다 깊은 의미도 해석할 수 있습니다. 고대의 중국 문자와 오늘날 중국인이 일상에서 쓰는 문자 사이에는 분명하고도 강력한 연속성이 존재하지요. 현대 사회에서 통용되는 중국 문자의 기원은 대부분 거의 『시경』詩經

과 『상서』尙書 시대까지 거슬러 올라가며, 그중 일부는 갑골문甲骨文이나 금문金文의 시대까지 소급됩니다. 문법에서도 꽤 차이가 있고 문자의 뜻이 완전히 일치하지는 않지만, 고대 중국 문자의 사용 규칙은 오늘날 쓰이는 문자와 대비해 보면 매우 쉽게 유추됩니다.

이는 인류 문명에서 매우 특이한 현상으로 사실상 세계 역사에서 또 다른 사례를 찾아보기 어렵습니다. 기원전 3천 년부터 오늘날에 이르기까지, 같은 기호와 같은 의미로 결합된 하나의 문자 체계가 5천 년 동안이나 끊이지 않고 이어져, 오늘날 문자의 사용 규칙대로 몇천 년 전의 문헌을 직접 읽을 수 있다니 대단하지요.

이처럼 고대부터 간단없이 이어진 중국 문자의 전통은 문명의 기본 형태를 결정짓는 데 상당한 영향을 주었습니다. 비록 중국 사회가 역사를 통해 이에 상응하는 대가를 치르기는 했지만, 이 전통 덕분에 지금 이 시대의 중국인은 매우 희소가치가 높은 능력을 얻었습니다. 이런 능력을 잘 이해하고 사용하지 않을 이유가 없지요.

2

고전을 읽는 첫 번째 이유는 이런 것입니다. 중국 역사에는 가장 기본적인 자료들이 있습니다. 이 누적된 자료를 선택하고 해석하면서 역사의 다양한 서술 방식이 형성되었습니다. 중국 문자를 이해하고 그 역사에 관심이 있는 사람이라면 누구나 역사의 다양한 서술 방식을 접하고 나서 그 기본적인 자료들로 돌아갈 수 있습니다. 누구나 역사학자들이 어떻게 이 자료들을 멋지게 요리했는지 직접 살필 수 있고, 스스로 가장 기본적인 자료들을 들추며 서술의 옳고 그름을 따질 수 있는 것입니다.

우리는 『시경』이 어떤 책인지 소개하는 책을 읽고, 『시경』에서 뽑아낸 재료로 서주西周 사회의 모습을 재구성한 이야기를 듣기도 합니다. 그런데 이런 기초 위에서 『시경』을 읽으면 『시경』의 내용과 우리가 처음 상상한 것이 그다지 닮지 않았음을 알게 될지 모릅니다. 서주 사회에 대해 우리가 처음 품었던 인상과 『시경』이 보여 주는 실제 내용은 전혀 다를 수 있지요. 어쨌든 우리에게 무척 강렬한 독서의 즐거움을 안겨 줄 겁니다!

고전을 읽는 두 번째 이유는 그것이 현재와 다른 시공간에서 탄생했음에도, 인간의 보편적 경험과 감상을 반영한다는 데 있습니다. 오늘날에도 우리는 여전히 같은 인간이라는 입장에서 고전 속의 경험과 감상을 확인할 수 있고 느낄 수 있고 비교할 수 있습니다. 우리는 그 안에서 비슷한 경험과 감상을 발견하고, 시공간의 차이를 넘어 공감대를 형성할 수 있습니다. 그리고 다른 경험과 감상을 통해서는 우리 삶의 경험을 확장할 수도 있지요.

역사학 훈련에서 얻어진 습관과 편견으로 인해, 저는 고전을 읽을 때 오늘날 현실과는 전혀 다른 사실들이 던져 주는 지적 자극에 좀 더 흥미를 느낍니다. 역사는 우리에게 인류의 다양한 경험과 폭넓은 삶의 가능성을 보여 주고, 나아가 우리가 너무도 당연하게 여겼던 현실에 의문을 품고 도전하게 만들지요. 이 점이 바로 역사의 가장 근본적인 기능입니다. 또한 역사에 대한 학문이 존재하는 의의이자 다른 무엇과도 바꿀 수 없는 핵심 가치이기도 합니다.

3

중국 사회가 수천 년 동안 이어진 문자 전통 때문에 상응하는 대가를 치렀다는 사실은 앞서도 언급한 바 있습니다. 그중 하나는 이 연속성이 역사를 바라보는 중국의 전통 관점에 영향을 끼쳤다는 점입니다. 끊이지 않고 줄곧 이어진 문자 체계 때문에, 중국인은 조상이나 옛사람을 지극히 가깝게 여기고 친밀하게 느낍니다. 그래서 중국에서는 역사학이 과거에 발생한 어떤 사건을 연구하는 독립적인 학문이었던 적이 없습니다. 역사와 현실 사이의 명확한 경계가 인식되지 않고 떼려야 뗄 수 없는 연속체처럼 여겨지는 것이죠.

우리는 삶의 현실에서 도움을 얻고자 역사를 공부합니다. 그런 까닭에, 중국에서는 나중에 생겨난 관념과 사고가 끊임없이 역사 서술에 영향을 끼치고 역사적 판단에 스며들었습니다. 한 가지 심각한 문제는 이 전통 속에서 사람들이 늘 현실적인 고려에 따라, 현실이 필요로 하는 방식으로 역사를 다시 써 왔다는 사실입니다. 시간이 흐르면서 서로 다른 현실적 고려가 겹겹이 역사 위에 쌓여 왔지요. 특히 고전에 대한 전통적인 해석들이 그 위로 두텁게 덧쌓였습니다. 따라서 우리는 갖가지 방식을 동원해 덧쌓인 해석들을 한 풀 한 풀 벗겨 내고 비교적 순수한 맨 처음 정보를 보려고 노력해야 합니다. 그런 뒤에야 『시경』을 통해 2천 년 전 또는 2천 5백 년 전 중국 사회의 어떤 모습이나 그 사람들의 심리를 참으로 이해했다고 할 수 있습니다. 또한 주周나라 당시의 정치 구조 안에서 『상서』가 표현하는 봉건 체제를 이해하며, 황제 통치가 확립된 진秦나라와 한漢나라 이후의 가치 관념으로 『상서』를 왜곡하는 일이 없을 것입니다.

'중국 고전을 읽다' 시리즈에서 저는 이 고전들을 '전통' 독법대로 해석하지 않을 생각입니다. 전통적으로 당연시해 온 독법은 특히 면밀한 검증과 토의를 필요로 합니다. 도대체 고전 원문에서 비롯된 해석인지, 아니면 후대의 서로 다른 시기에 서로 다른 현실적 요구에 따랐기에 그때는 '유용'했으나 고전 자체에서는 멀어진 해석인지 말이지요.

고전을 원래의 태어난 역사 배경에 돌려놓고 그 시대의 보편 관점을 무시하지 않는 것은 이 시리즈의 중요한 전제입니다. '역사적 독법'을 위한 '조작적 정의'●라고도 할 수 있겠습니다.

우리는 '역사적 독법'의 기초 위에서 비로소 '문학적 독법'으로 나가는 다음 단계를 밟을 수 있습니다. 먼저 이 고전들은 오늘날의 우리를 위해 쓰인 것이 아니라, 그것들이 태어난 시대에 우리와 매우 다른 삶을 살았던 옛사람들이 쓴 것입니다. 그러므로 우리는 자기중심적인 태도와 자만심을 버리고, 잠들어 있는 보편된 인성을 일깨우며 다른 삶의 조건 속으로 들어가, 그들이 남긴 모든 것에 가까이 다가서야 합니다.

이 과정에서 우리는 자신의 감성과 지성을 일깨움으로써, 전혀 알 수 없었던 다른 삶의 환경을 이해하고, 내면에 존재했지만 미처 몰랐던 풍요로운 감정을 느끼게 될 것입니다. 저는 후자 쪽이 훨씬 더 중요하다고 봅니다. 우리 삶의 현실이 제공해 줄 수 없는 경험은 이처럼 문자로 남아 있다가 아득히 먼 시공의 역사를 뚫고 나와 우리와 대화하며 새롭고 강렬한 자극을 던져 줍니다.

고전이 태어났던 전혀 다른 시공간의 차이를 인정함으로써, 우리는 어떤 감정과 감동을 느끼고 일종의 기적을 맛보게 될 것입니다. 그 순간 우리는 현실적 고려에 의해 역사를 단편적으로 취하는 태도를 버리고, 역사를 관통하는 인류 보편의 조건과 역사와 보편 사이의 접점을 발견하며, 인간의 본성과 감정에 대한 더 넓고 깊은 인식으로 나아갈 수 있습니다.

4

'중국 고전을 읽다' 시리즈는 중요한 고전을 찾아 그 책의 몇 단락을 추린 다음 꼼꼼하게 읽는 방법을 취하고 있습니다. 이를 기초로 고전 전체의 기본 틀을 드러내고, 책과 그것이 탄생한 시대의 관계를 설명하려 합니다.

오늘날 전해지는 중국 고전의 규모는 참으로 어마어마해서 모든 고전을 처음부터 끝까지 다 읽는 것은 불가능합니다. 그래서 저는 고전 가운데 독자들이 쉽게 공감할 만한 내용을 고르는 한편, 가장 이질적인 정보를 전달할 수 있는 내용을 선택함으로써 독자들이 시공간을 뛰어넘는 신선하고 신기한 경험을 얻을 수 있도록 노력했습니다. 저는 첫 번째 방법으로 다음과 같은 효과를 기대합니다. "오! 저자의 말이 정말 그럴듯한데?" 두 번째 방법으로는 다음과 같은 반응을 바랍니다. "어? 이런 생각을 하는 사람이 다 있네!"

고전을 읽고 해석할 때. 생각해야 할 몇 가지 기본 문제가 있습니다. 이 작품은 어느 시대, 어떤 환경에서 태어났을까? 당시의 독자들은 이 작품을 어떻게 읽고 받아들였을까? 왜 이런 내용이 고전이라 불리면서 오랫동안 변함없이 전해졌을까? 이 작품이 지닌 힘은 다른 문헌이나 사건, 사상 등에 어떤 영향을 끼쳤을까? 앞선 고전과 뒤따르는 고전 사이에는 어떤 관계가 있을까?

이 질문들은 어떤 고전 판본을 고를지 결정하는 기준이 되기도 합니다. 첫 번째 원칙은 가장 기원이 되며 본연에 가까운 판본을 고르는 것입니다. 역사와 선례를 중시하고 강조하는 전통 문화 가치에 따라, 하나의 고전에는 수많은 중국의 저작과 저술이 덧붙었습니다. 『사고전서』四庫全書에 수록된 3천 5백여 종의 서적 가운데 『논어』論語를 해석한 저작과 저술은 무려 100여 종이 넘습니다. 이 가운데 중요하거나 흥미로운 내용이 없는 것은 아니지만, 결국 모두 『논어』라는 고전의 부산물일 뿐입니다. 따라서 우리가 가장 먼저 골라 읽어야 할 것은 『논어』를 해석한 그 어떤 책이 아니라 바로 『논어』입니다. 『논어』는 당연히 『논어』를 부연하고 해석한 그 어떤 책보다 기원과 본연에 가깝습니다.

이 원칙에도 예외는 있지요. 중국 삼국 시대의 왕필王弼이 주석한 『노자』老子와 위진魏晉 시대의 곽상郭象이 주석한 『장자』莊子는 불교의 개념으로 이 책들의 원래 내용을 확장하고 심화했으며, 나아가 위진 시기 이후 중국 '노장老莊 사상'의 기본 인식을 형성했습니다. 형식적으로는 부연이지만 실질적으로는 기원의 영향력을 지니는 셈입니다. 그래서 기본 텍스트로 보고 읽어야 합니다.

두 번째 원칙은 현대 중국어로 읽을 수 있어야 한다는 것입니다. 어떤 책들은 중국 역사를 이야기할 때 반드시 언급해야 할 정도로 중요합니다. 예를 들어 『본초강목』本草綱目은 중국 식물학과 약리학의 기초를 이루는 책으로 무척 중요하지요. 하지만 오늘날의 독자들에게 이 책은 어떻게 읽어 나가야 할지 너무도 막막한 대상입니다.

다른 예를 하나 더 들겠습니다. 중국 문학사에서 운문이 변화하는 과정을 이야기할 때는 언제나 한나라의 부(한부漢賦), 당나라의 시(당시唐詩), 송나라의 사(송사宋詞), 원나라의 곡(원곡元曲) 등을 꼽습니다. 당시나 송사, 원곡이라면 읽을 수 있겠지만, 한부를 어떻게 읽을 수 있을까요? 중국 문자가 확장하고 발전해 온 역사에서, 한부는 매우 중요한 역할을 맡았습니다. 한나라 사람들은 외부 세계와 문자 사이의 서로 다른 대응 관계를 인식하기 시작했고, 수많은 사물과 현상에 상응하는 어휘를 기록하고 전달하는 데 어려움을 겪었지요. 그 때문에 어휘의 범주를 있는 힘껏 넓히고, 갖은 방법으로 복잡한 외부 세계의 눈부신 풍경을 모두 기록해 내려는 충동이 생겨났습니다. 따라서 한부는 일종의 '사전'과 같은 성격을 띱니다. 최대한 복잡하고 다양한 어휘를 사용해 인간이 알고 있는 모든 것을 요란하게 과시하는 장르이지요.

겉으로는 유려한 묘사로 내용을 전달하는 문학 작품처럼 보일지라도, 한부는 사실 새로운 글자를 발명하는 도구에 가까웠습니다. 보기만 해도 신기한 수많은 글자, 남들이 잘 쓰지 않는 기발한 글자를 늘어놓는 것이 한부의 참목적입니다. 글이 묘사하고 서술하는 것이 장원莊園의 풍경이든 도시의 풍경이든, 그것은 허울에 불과합니다. 장원에 대한 한부의 묘사나 서술은 풍경을 전하거나 그로 인해 일어나는 인간의 감정을 표현하는 데 뜻을 두지 않습니다. 한부는 이런 묘사와 서술을 통해 정원이라는 외부 세계에 속하는 모든 대상에 일일이 이름을 붙입니다. 한부 작품에 등장하는 이루 헤아릴 수 없이 많은 명사는 눈앞에 보이는 모든 대상 하나하나에 새롭게 부여한 이름입니다. 한부에 존재하는 수많은 형용사는 서로 다른 색채와 형상, 질감과 소리 등을 분별하기 위해 새로이 발명한 어휘지요. 상대적으로 동사는 그리 많지 않습니다. 한부는 무척 중요하고 소개할 만한 가치가 있으며 새롭게 알 필요가 있는 장르이지만 막상 읽기는 쉽지 않습니다. 읽는다 해도 도무지 재미가 없어요. 한부를 읽기 위해서는 글자 하나하나를 새로이 배우고 그 글자의 뜻을 새삼 되새겨야 하는데, 그럼에도 글을 읽고 나서 얻는 것은 그리 많지 않습니다. 초등학생이나 중학생들의 국어 경시대회와 비교할 수 있겠습니다.

마지막으로 세 번째 원칙이 있는데, 이는 저 개인의 어쩔 수 없는 한계에서 비롯된 것입니다. 저는 저 자신이 읽고 이해할 수 있는 고전을 고를 수밖에 없습니다. 예를 들어 『역경』易經은 지극히 중요한 책이지만, 제가 가려 뽑은 고전 범주에 들지 않습니다. 예로부터 지금까지 『역경』에 대해 그토록 많은 해석이 있었고, 지금도 계속해서 『역경』에 대한 새롭고 현대적인 해석들이 나오고 있지만, 저는 아무래도 그 사상 세계로 들어갈 수가 없습니다. 저는 그와 같이 인간의 길흉화복을 점치는 방식에 설득되지 않으며, 도대체 무엇이 본연의 『역경』이 규정하고 전승하려던 의미였는지 판단할 수 없고, 무엇이 후대에 부연되고 수식된 내용인지 가려낼 수 없기 때문입니다. 역사적 독법의 원칙에 따르자면, 저는 『역경』을 논할 능력이나 자격이 없습니다.

5

'중국 고전을 읽다'에서 저는 다만 책을 읽는 데 그치지 않고 몇 단락씩 꼼꼼히 들여다보려 합니다. 중국 고전은 책마다 분량의 차이가 적잖이 존재하고 난이도의 차이도 크기 때문에, 반드시 이 두 가지를 잘 헤아려 읽을 내용을 결정해야만 합니다.

저는 고전의 원래 순서도 내용의 일부이고, 문단과 문장의 완전함도 내용의 일부라고 생각합니다. 책의 순서에 의미가 없음을 확신할 만한 이유가 있거나 특별하게 대비시키려는 의도가 아니라면, 저는 최대한 고전이 지닌 원래의 순서를 깨뜨리지 않으려고 했으며, 최대한 완전한 문단을 뽑아 읽으며 함부로 재단하지 않았습니다.

강의 내용을 책으로 바꿀 때는 시간과 분량의 제한을 받기 때문에, 꼼꼼한 독해는 아마도 아주 짧은 단락에 그칠 것입니다. 하지만 여러분은 이를 통해 고전 속으로 들어가는 일에 차차 익숙해질 것입니다. 나아가 저는 여러분이 고전을 가깝게 느끼게 되어 책의 다른 부분을 스스로 찾아 읽었으면 하고 바랍니다. '중국 고전을 읽다'는 고전이 지닌 본연의 모습과 방식을 더듬어 여러분이 스스로 고전에 다가가는 기초를 닦도록 도울 것입니다. 이 책은 고전을 읽고 이해하는 데 중요한 첫걸음이 될 것입니다.

목차

시류에 휩쓸리지 않은 독창적인 사상가

1

묵자 시대 고증

『한비자』韓非子「현학」顯學 첫머리는 "세간에 이름 높은 학파로 유가儒家와 묵가墨家가 있다. 유가의 으뜸은 공구孔丘요, 묵가의 으뜸은 묵적墨翟이다"世之顯學, 儒墨也. 儒之所至, 孔丘也. 墨之所至, 墨翟也.라는 말로 시작합니다. 한비韓非가 살았던 시기가 기원전 3세기 중엽으로, 공자孔子가 세상을 떠난 지 200년이 넘은 전국 시대 말기인데도 유가와 묵가는 여전히 '이름 높은 학문'顯學으로 여겨졌습니다.

그러나 다시 100여 년이 지나 한漢나라에 이르러, 사마천司馬遷은 『사기』史記에서 공자의 지위를 특별히 높여 「공자세가」孔子世家를 지어 공자의 일생과 언행을 기록하고, 따로 또 「중니제자열전」仲尼弟子列傳 및 「맹자순경열전」孟子荀卿列傳 을 썼지만, 상대적으로 묵자墨子에 대해서는 단독으로 열전 을 저술하지 않고 전체『사기』중 「맹자순경열전」끄트머 리에 24자짜리 문장만을 남겼습니다.

대체로 묵적墨翟은 송宋의 대부大夫로 지키고 막는 일에 뛰어 났고, 씀씀이를 줄이자고 주장했다. 어떤 이는 공자와 같은 시대 사람이라고 하고, 어떤 이는 그 후대라고 말한다.

蓋墨翟, 宋之大夫, 善守禦, 爲節用. 或曰並孔子時, 或曰在其 後.

현학으로 100년 넘게 유가와 어깨를 나란히 했던 묵가 가『사기』에서는 존재가 거의 사라지다시피 했습니다! 더 구나 양주楊朱와 묵적의 주장을 격렬하게 반대한 맹자를 설 명하는 용도로서야 겨우 이렇게 적은 양의 보충 설명이나 마 기록됩니다. 사마천의 부친 사마담司馬談은 제자학諸子學 을 연구한 후 이들의 사상을 종합적으로 논의한 「논육가요 지」論六家要旨를 남겼습니다(사마담은 한나라 무제 건원建元

원년부터 원봉元封 원년까지 태사太史를 지냈고, 사마천은 원봉 4년에 그 자리를 이어받았습니다). 그러나 부친의 연구에도 불구하고 사마천은 묵자에게 흥미를 느끼지 않았습니다. 한비의 시대에서 사마천의 시대로 넘어오며 공자와 묵자의 지위는 뚜렷하게 위아래로 나뉘는 극적 변화가 일어났습니다.

묵자의 지위가 급격히 하락하면서 그 영향으로 그에 관한 각종 정보와 자료도 홀대받게 되었습니다. 대단히 높은 확률로, 사마천은 『묵자』를 읽지 않았을 겁니다. 묵자의 생존 연대조차 확신하지 못해, 공자와 같은 시대 사람이라고 하는 사람도 있고, 공자보다 후대 사람이라고 말하는 사람도 있다고 썼을 뿐이지요. 한나라 이후로 묵자와 묵가는 장기간 중국 사상사의 변두리로 밀려났고, 묵자의 생애에 관한 자료도 갈수록 사방으로 흩어지게 됩니다.

오늘날의 우리는 『묵자』의 내용에 근거해 묵자가 살았던 시대를 최대한 확인해 보는 수밖에 없습니다.

『묵자』「공수」公輸에는 이런 기록이 있습니다.

공수반公輸盤이 초楚를 위해 운제雲梯라는 기계를 만들어, 완성되자 송을 공격하고자 했다. 묵자가 이 소식을 듣고 제齊

에서 출발해 열흘 밤낮을 달려 영郢에 이르러 공수반을 만났다.

公輸盤爲楚造雲梯之械, 成, 將以攻宋. 子墨子聞之, 起於齊,
行十日十夜, 而至於郢, 見公輸盤.

공수반은 공수반公輸般이라고도 하며, 노魯나라 사람입니다. 그래서 그가 장인匠人의 신으로 추앙받는 '노반'魯班이라고 주장하는 사람도 있습니다. 솜씨가 뛰어난 장인인 공수반이 초나라를 위해 성을 공격할 때 쓰는 '운제'雲梯를 만듭니다. 사다리梯의 높이가 구름雲에 오를 만하다는 운제라는 이름에서 보듯, 운제를 쓰면 군대가 쉽게 성벽을 올라 다른 이의 성을 공격해 들어갈 수 있습니다. 운제가 만들어진 다음, 초나라에서는 그것으로 송나라를 공격하려고 했고, 이 소식을 들은 묵자는 서둘러 제나라에서 열흘 밤낮을 달려 초나라의 수도 영에 도착해 공수반을 만납니다.
　묵자는 먼저 공수반을 이치로 설득해 송나라를 공격해서는 안 된다는 데에 동의하게 만들었지만, 초나라의 출병을 막을 수는 없었습니다. 그리하여 묵자는 초나라 왕을 알현해 송나라를 공격하는 것이 "반드시 의를 상하게 하여 얻는 것이 없다"必傷義而不得라고, 즉 정의나 도리에도 어긋나 싸워도 이기지 못한다고 말합니다. 이에 초나라 왕이 대답합니다. "좋은 말입니다. 하지만 공수반이 이미 날 위해 운제를 만들었으니 기필코 송나라를 손에 넣을 것입니다."

그리하여 공수반을 만났다. 묵자는 허리띠를 풀어 성을 만들고 나뭇조각을 기계로 삼았다. 공수반은 아홉 차례 성을 공격하는 꾀를 냈지만 묵자는 아홉 번 그것을 물리쳤다. 공수반의 공격은 다했으나 묵자의 지킴에는 남음이 있었다.

於是見公輸盤. 子墨子解帶爲城, 以牒爲械, 公輸盤九設攻城之機變, 子墨子九距之. 公輸盤之攻械盡, 子墨子之守圉有餘.

묵자는 얼마 후에 초나라 왕 앞에서 다시 공수반을 만납니다. 묵자가 허리띠를 풀어 성벽으로 삼고 젓가락으로 성을 공격하는 운제로 삼자, 공수반이 운제로 여러 차례 성을 공격하지만 모두 묵자에게 막힙니다. 공수반이 운제를 쓰는 갖가지 전술은 다 소진됐지만, 묵자의 방어 수단은 아직도 남아 있었습니다.

공수반이 궁지에 빠져 말하였다. "나는 그대를 물리칠 방법을 알지만, 나는 말하지 않겠습니다." 묵자 또한 말하였다. "나는 그대가 나를 물리칠 방법을 알지만, 나는 말하지 않겠습니다." 초왕이 그 연고를 묻자, 묵자가 말했다. "공수반의 뜻은 신을 죽이고자 하는 바에 지나지 않습니다. 신을 죽이면 송은 막을 수 없으니 공격이 가능하겠지요. 그러나 신의 제자 금활리禽滑釐 등 삼백 명이 이미 신의 수비하는 기기를 가지고 송의 성에서 초가 쳐들어오기를 기다리고 있습니다. 신이 죽더라도 절대로 망하지 않습니다." 초왕이 말했다. "훌륭하구려! 나는 송을 공격하지 않겠습니다."

公輸盤詘, 而曰 "吾知所以距子矣, 吾不言." 子墨子亦曰 "吾知子之所以距我, 吾不言." 楚王問其故, 子墨子曰 "公輸子之意, 不過欲殺臣. 殺臣, 宋莫能守, 可攻也. 然臣之弟子禽滑釐等三百人, 已持臣守圉之器, 在宋城上而待楚寇矣. 雖殺臣, 不能絶也." 楚王曰 "善哉! 吾請無攻宋矣."

결국 공수반은 굴복할 수밖에 없었지만 말 한마디를 덧붙입니다.

"제가 선생을 막을 방법을 알고 있지만 지금은 말하지 않겠습니다."

묵자도 똑같이 응수합니다.

"선생의 방법이 무엇인지 잘 알고 있지만 저 역시 지금은 말하지 않겠습니다."

두 사람이 모두 말을 하지 않자 옆에 있던 초나라 왕이 다급해져 대체 무슨 이야기를 하는 것이냐고 묻습니다. 그러자 묵자가 대답합니다.

"공수 선생의 생각은 사실 별것 아닙니다. 저만 죽이면 송나라가 초나라의 공격을 막을 수 없으리라 여기시는 것이지요. 그러나 제 제자 금활리禽滑釐 등 3백여 명이 이미 제가 설계한 방어 무기를 가지고 송나라 성 위에서 초나라의 침략을 기다리고 있습니다. 저를 죽인다고 해도 송나라의 방어력을 무너뜨릴 수는 없습니다."

이 말을 듣고 초나라 왕도 패배를 인정합니다.

"대단합니다. 내 송나라를 공격하지 않으리다."

이 멋들어진 이야기는 『전국책』戰國策, 『여씨춘추』呂氏春秋, 『설원』說苑 등에 기록되어 있습니다. 동시에 이 이야기는 묵자의 생몰 연대를 판단하는 데 중요한 실마리를 제공합니다. 공수반은 동주東周 시대의 다른 문헌에도 등장해, 이 사료들을 모으면 먼저 공수반의 대략적인 연대를 고증할 수 있고, 여기서 다시 공수반의 연대로 묵자의 연대를 추정할 수 있습니다.

또 다른 단서는 『묵자』「노문」魯問에 나오는 '묵자가 제나라 대왕을 알현하다'라는 기록입니다. '제나라 대왕'은 태공太公 전화田和인데, 세습 경대부卿大夫의 신분으로 제나라를 찬탈했습니다. 이는 동주 시대의 대사건이어서 관련 기록이 매우 많아 우리에게 참고할 만한 명확한 연대 자료를 제공합니다.

이 자료들을 기초로 고찰하면 묵자는 기원전 480년 전후에 태어나 기원전 400년 전후에 사망했다고 볼 수 있습니다. 그러므로 묵자는 공자보다 후대 사람으로, 공자가 세상을 떠났을 즈음에 태어났습니다.

묵자의 출신

묵자의 성은 무엇이고 이름은 무엇인지 확실치 않고, 예로부터 의견도 분분했습니다. 사료를 대조해 보면 그의 성이 묵墨이고, 이름이 적翟이라는 것이 비교적 믿을 만합니다.

하지만 그의 성에 쓰인 '묵' 자가 존칭이나 별호일 수 있는데, 죄인의 얼굴에 문신을 해 영구적으로 흔적을 남기는 '묵형'墨刑을 당해 얻었을 가능성이 있습니다. 묵형을 받는 사람이 귀족 계급일 가능성은 당연히 별로 없고, 하층 평민에게는 본래 고정된 '성'姓과 '씨'氏가 없으므로 '묵' 자를 앞머리에 붙여 별호로 삼았는데 나중에 성이 된 것이겠지요.

『사기』에서 "묵적墨翟은 송宋의 대부大夫"라고 말했지만 동주 시기의 문헌 어디에서도 묵적이 귀족 신분의 대부라는 증거를 찾을 수 없고, 송나라 사람인지도 확인할 수 없습니다. 앞에서 인용한 『묵자』의 내용에 묵자가 일부러 초나라로 달려가 초나라 군대가 송나라에 쳐들어가는 걸 막는 이야기가 있긴 합니다. 그러나 '겸애'兼愛와 '비공'非攻은 묵자의 핵심 주장으로, 묵자는 남의 가정을 내 가정처럼 여기고 남의 나라를 내 나라처럼 보는 사상을 고취하고, 방어 기술을 자세히 연구하여 '비공'의 이상을 실현할 수단으로 삼았습니다. 이런 배경을 고려해 본다면 이 기록만 가지고 그가 송나라 사람이라고 단정하기는 무리입니다.

춘추 시대에 출현하기 시작한 백성의 이주 현상은 전국 시대에 이르면 상당히 보편화합니다. 따라서 전국 시대 각국 사이의 경쟁 초점 중 하나가 더 많은 백성을 얻는 것이었고, 심지어 서로 백성을 빼앗기도 했습니다. 백성이 많지 않으면 충분한 생산력과 군사력을 확보할 수 없었으니까요. 원래 봉건 질서와 규범은 평민보다 귀족에게 크게 적용되었기 때문에 봉건 질서가 동요하고 와해되는 과정에서 귀족보다 평민이 더 빨리 기존의 사회 유대에서 벗어났습니다.

   춘추 시대에 이미 국적과 신분이 계속 바뀌는 평민이 등장했습니다. 경대부는 봉지封地와 관직이 있어 국적이 명확했습니다. 그러나 공자와 그의 제자들만 봐도 이 나라의 출신이면서 저 나라에서 관직을 지낸 예가 있지요. 귀족 신분이 아닌 평민은 세상이 어지러운 시기에 이 나라에서 저 나라로 자유롭게 옮겨 다녔습니다. 그들에게는 신분의 제약이 크지 않았고 원래의 국적을 유지하거나 고집할 필요도 없었습니다.

   사료에서 묵자의 출신을 확인할 수 없는 이유는 바로 그가 귀족이 아니었기 때문입니다. 그는 춘추전국 시대 사회 계급의 유동을 보여 주는 예입니다. 전통적인 귀족 신분 없이 난리 속에서 지식과 기술을 습득하고, 이를 통해 위로 올라가 각국의 통치 계급을 찾아갑니다. 그는 노, 송, 제, 초, 위衛 등 여러 나라를 갔지만 어떤 나라가 그의 고국이라고 증명할 길은 없습니다.

『좌전』左傳 「노장공 10년」鲁莊公十年에 조귀曹劌에 관한 이야기가 나옵니다.

조귀曹劌가 뵙기를 청했다. 그 고향 사람이 말하였다. "육식자가 그것을 도모합니다. 어찌하여 사이에 끼려 합니까?" 귀가 말하였다. "육식자는 천하여 멀리 도모할 수 없습니다."

曹劌請見. 其鄉人曰 "肉食者謀之, 又何間焉?" 劌曰 "肉食者鄙, 未能遠謀."

제나라와 치를 전쟁을 준비하는 일로 조귀가 노나라 장공莊公에게 알현을 청했습니다. 조귀가 어떤 사람인지는 이어지는 말이 설명해 줍니다. 그의 고향 사람이 가지 말라고 권하며 이렇게 말합니다. "전쟁은 지위가 있는 사람의 일입니다. 당신이 그들과 섞여서 뭐하겠습니까?" 원문에 나온 "육식자"肉食者는 당시에는 경멸이나 비난하는 뜻이 전혀 없었고, 오히려 대부 이상의 신분과 지위가 있어서 칠팔십 노인이 되도록 기다리지 않아도 고기를 먹을 수 있는 귀족을 가리켰습니다. 육식자는 대부 이상의 지위가 높은 자들을 가리킵니다. 이 말에서 우리는 조귀가 대부도 아니고 기껏해야 '사'士 정도로 지위가 낮아, 고향 사람이 조귀에게 당신이 이런 큰일에 나설 지위가 어디 있느냐며 비꼬았음을 알 수 있습니다.

지위는 낮았지만 자신감으로 가득했던 조귀는 이렇게 대답합니다. "그 높디높은 자리에 있는 사람들은 안목이 짧고 얕아 가까운 것은 봐도 먼 것은 보지 못하는데 어디에 쓰겠습니까!" 그의 이 말은 『좌전』에 기록되었고, 훗날 '육식자비'肉食者鄙가 고사성어가 되면서 오늘날의 우리에게는 '육식자'라는 단어가 폄하하는 의미처럼 느껴지는 것이지요.

대부도 아니면서 대부를 무시한 이런 조귀의 행동은 원래 봉건 질서의 규율에 어긋납니다. 그 밖에도 조귀는 대부도 아니면서 나라의 임금에게 알현을 청했고, 제후 역시 뜻밖에 그의 알현을 받아들입니다. 이는 봉건 질서가 이미 무너졌음을 명백하게 보여 주는 현상입니다. 우리는 여기서 춘추 시대에 계급의 벽이 무너지고 능력에 따라 인재를 뽑는 새로운 경향을 볼 수 있습니다.

묵자는 조귀보다 한 발짝 더 나갑니다. 그는 한 나라에 국한되지 않고 여러 나라를 다니며 유세했습니다. 묵자는 공자처럼 여러 나라를 떠돌았지만 목적과 입장은 공자와 정반대였습니다. 공자는 각국의 임금이 봉건 질서를 회복하는 데 도움을 주고자 했으나, 묵자는 각국의 임금에게 봉건 사상을 버리고 새로운 사고와 방법을 받아들여야 한다고 주장했습니다.

어지러움의 근본 원인은 봉건 질서

묵자는 봉건 체제에 대해 비판적이고 적대적인 태도를 명백하게 드러냈습니다. 그와 공자는 똑같은 시대의 어려움에 직면했지만 두 사람이 제시한 대응 방법은 전연 달랐습니다.

서주西周가 흥성했던 시기를 숭상한 공자는 주나라 문화에 함축된 정신을 발굴하는 데 힘썼고, 그러한 인문 가치를 회복해 난세를 구하고 싶어 했습니다. 반면 봉건 귀족 계급에 단 한 번도 속해 본 적이 없었던 묵자는 공자가 자나

깨나 생각하던 서주 문화에 물든 적이 없었고 어떤 감정조차 없었습니다. 때문에 그는 봉건 질서 바깥의 시선으로 봉건 질서에 내재한 결점이 바로 난리의 근원이라는 사실을 발견합니다. 묵자는 과감하게 봉건 질서를 포기해야 비로소 난리가 잠잠해진다고 보았습니다.

봉건 질서는 혈연관계의 멀고 가까움에 따라 사람 사이의 관계가 결정되는 '친친'親親이라는 기초 위에 세워집니다. 묵자는 이 점을 겨냥해 그와 철저하게 반대되는 '겸애'를 들고 나왔습니다. 묵자의 겸애는 모든 사람이 남을 자신처럼 사랑하고, 이웃을 자기 가족처럼 사랑하라는 것이죠. 또 봉건 질서는 상례喪禮와 장례葬禮를 통해 대를 잇는 계승 관계를 강화했는데, 묵자는 '절장'節葬을 주장하여 상례와 장례에 대한 중시를 부수고자 했습니다. 봉건 질서는 음악과 주연酒宴으로 상호 간의 관계를 강화했는데, 이에 묵자는 음악이 사치이자 낭비라는 관점의 '비악'非樂을 주장했습니다.

봉건 질서 및 주나라 문화를 반대하는 묵자가 귀감으로 삼은 역사 인물 또한 당연히 공자가 가장 숭상했던 주나라의 주공周公이나 문왕文王, 무왕武王이 아니라 하夏나라 우禹임금이었습니다. 한편으로 하나라가 주나라보다 이른 시대여서 사람들이 상상하는 고대 태평성세와 더 가까웠기 때문이고, 다른 한편으로 우임금의 가장 뛰어난 업적이 치수治水인데, 치수를 하며 우임금은 몸을 쓰는 노동을 했고, 세 번을 집 앞을 지나면서도 한 번도 들어가 보지 않은 성실한 정신을 보여 주었기 때문입니다.

『장자』莊子「천하」天下에서는 묵가를 이렇게 묘사합니다.

> 후세에 사치하지 않게 하고 만물을 꾸미지 않으며, 법도에 현혹되지 않고 규율로 스스로 교정하며 세간의 급난에 대비한다. 옛날의 도술에 이런 것이 있었다. 묵적과 금활리가 이 가르침을 듣고 기뻐했다.

> 不侈於後世, 不靡於萬物, 不暉於數度, 以繩墨自矯, 而備世之急, 古之道術有在於是者, 墨翟禽滑釐聞其風而說之.

후세에 사치를 가르치지 않고, 만물을 낭비하지 않게 하고, 기존의 의례와 법도에 현혹되지 않고, 엄격한 규범으로 끊임없이 자신을 바르게 하여 세상의 위기와 어려움을 돕습니다. 고대에 이런 부분을 강조하는 주장이 있었는데 묵적과 금활리가 이 주장을 듣고 몹시 기뻐하며 받아들였습니다.

이어서 이런 말이 나옵니다.

묵자가 칭찬하여 말하였다. "옛날에 우가 홍수를 막고 강과 하를 터 사이四夷와 구주九州를 통하게 하였다. 이름난 하천 삼백과 지류 삼천에 작은 것은 무수했다. 우는 직접 삼태기와 가래를 써 천하의 하천을 모으고 섞었다. 장딴지에는 살이 없었고, 정강이에는 털이 없었으며, 큰비에 목욕하고 질풍에 머리를 빗으며 만국을 배치했다. 우는 성현이라 천하를 위해 몸을 수고롭게 하기가 이와 같았다." 후세의 묵가는 가죽과 삼베를 옷으로 삼고 나막신과 짚신을 신어 스스로 고되게 함을 근본으로 여겼다. 말하였다. "이처럼 하지 못한다면 우의 도가 아니며 묵墨이라 칭하기에 부족하다."

墨子稱道曰 "昔者禹之湮洪水, 決江河, 而通四夷九州也. 名川三百, 支川三千, 小者無數. 禹親自操槖耜而九雜天下之川. 腓無胈, 脛無毛, 沐甚雨, 櫛疾風, 置萬國. 禹大聖也, 而形勞天下也如此." 使後世之墨者多以裘褐爲衣, 以跂蹻爲服, 日夜不休, 以自苦爲極. 曰 "不能如此, 非禹之道也, 不足謂墨."

묵자는 그의 이상을 우임금까지 거슬러 올라가 근원으로 삼아 상찬하였습니다. "옛날 우임금은 홍수를 막기 위해 장강長江과 황하黃河의 물을 터 흐르게 하고, 수로를 사방의 변경과 중원 땅까지 서로 통하게 했다. 주요 하천만 3백 개요, 그다음으로 중요한 지류가 3천 갈래였으며, 더 작은 것은 그 수를 셀 수 없었다. 우임금은 직접 삼태기와 가래를 들고서 천하의 강물을 모아 흐르게 했다. 그 고된 노동에 장딴지에는 살이 없었고, 정강이에는 털이 없었으며, 큰비에 젖고, 거센 바람을 맞으며 살기에 알맞은 땅을 개척해 넓혔다. 우임금은 위대한 성인이라 천하를 위해 이토록 수고를 마다하지 않았다."

이에 따라 후세의 묵가는 대부분 가장 원시적이고 거친 옷감으로 옷을 만들고 나막신과 짚신을 신고 밤낮으로 쉬지 않으며 고단하게 일하는 것을 최고의 가치로 삼았습니다. 그들은 "고생하며 열심히 일하지 않는다면 우임금의 원칙을 따른다고 할 수 없으므로 묵가라고 부르기에 어울리지 않는다"라고 말했습니다.

묵자가 하나라 우임금을 끌어다 주나라 문화를 누르려 한 것은 춘추 시대에 시작된 '숭고'崇古라는 흐름의 또 다른 명징한 예입니다. 사마담의 「논육가요지」에서는 묵가를 이렇게 묘사했습니다.

묵자는 또한 요와 순의 도를 받들고 그 덕행을 언급해 말하였다. "집 높이가 석 자였고 흙섬돌은 세 층이었으며, 지붕을 이는 짚은 자르지 않았고, 서까래를 마련하며 대패질을 하지 않았다. 흙으로 만든 밥그릇에 밥을 먹고, 흙으로 만든 국그릇에 국을 마셨으며, 현미와 기장으로 밥을 하고 명아주와 콩잎으로 죽을 만들었다. 여름에는 베옷을, 겨울에는 사슴 가죽옷을 입었다. 죽음을 보내면서는 오동나무 널이 세 치였고, 소리를 내되 그 슬픔을 다하지 않았다. 상례를 가르칠 때는 반드시 이로써 만인의 대강으로 삼았다."

墨者亦尙堯舜道, 言其德行曰 "堂高三尺, 土階三等, 茅茨不翦, 采椽不刮. 食土簋, 啜土刑, 糲粱之食, 藜藿之羹. 夏日葛衣, 冬日鹿裘. 其送死, 桐棺三寸, 擧音不盡其哀. 敎喪禮, 必以此爲萬民之率."

이 부분은 묵가 또한 요임금과 순임금의 도를 숭상했는데 다만 그들은 요임금과 순임금의 미덕을 묘사할 때 절약과 검소 쪽에 집중했음을 지적합니다. "집은 그저 석 자 높이에 지붕을 덮고 바닥에는 삼 층 계단만 있었으며, 지붕은 짚으로 덮은 채 잘라 다듬지 않고, 나무를 직접 가져다 들보와 기둥으로 삼으면서 대패질을 하지 않았다. 밥을 담는 그릇과 죽을 담는 그릇 모두 흙으로 빚어 간단히 불로 구운 것이었다. 먹는 것은 거친 쌀이었고, 마시는 것은 채소로 만든 죽이었다. 여름에는 거친 마로 만든 옷을 입고, 겨울에는 사슴 가죽을 덮었다. 사람이 죽으면 세 치 두께의 나무 널로 장례를 치렀으며 복잡한 애도의 상례는 없었다. 이런 단순하고 소박한 상례를 만민의 규범으로 삼았다."

사마담의 얘기로 보자면, 묵가는 우임금 외에도 요임금과 순임금을 인용하여 자신들의 권위를 세웠습니다. 하지만 그들이 주목한 건 성군인 요임금과 순임금의 업적이 아니었습니다. 우임금보다 훨씬 이전 사람인 요임금과 순임금은 논리적으로 볼 때 생활 방식이 더 소박해 주나라 사람이 중시했던 예법과 치레가 없었습니다. 따라서 묵가가 주장하는 절약 정신에 딱 부합했던 것이죠.

우리는 여기서 춘추 시대의 '역사 해석' 다툼을 어렴풋이 엿볼 수 있습니다. 유가도 요임금과 순임금을 숭상했지만, 묵가는 요임금과 순임금을 부정해 유가에 맞서지 않고,

자신들이 이용하기에 적합한 요임금과 순임금의 이미지를 새로 만든 겁니다. 이처럼 서로 다른 역사 해석을 통해 자신의 이념을 널리 알리려는 경쟁은 전국 시대에 이르러 더욱 보편화했습니다. 현실적인 필요에 따라 누구랄 것도 없이 갖가지 역사적 견해를 내놓는 통에 중국 고대사에 복잡하고 혼란스러운 현상이 나타나게 됩니다.

전국 시대 후기에 쓰인 『장자』 「천하」와 한나라 초기에 완성된 「논육가요지」에는 묵가의 주장과 주나라 봉건 문화 사이의 긴장되고 대립된 관계가 뚜렷하게 드러나 있습니다.

언어 반복의 독특한 풍격

현재 『묵자』는 총 53편으로 구성되어 있습니다. 한나라 유향劉向이 왕궁에 수장된 서적 가운데 모아서 정리한 『묵자』는 총 71편이었는데, 시간이 흘러 송나라에 이르면 이미 10여 편이 유실되어 오늘날의 53편이 됩니다.

『묵자』는 묵자가 스스로 쓴 것이 아니라 그의 제자와

후학이 집대성한 책입니다. 또한 만드는 과정이 자못 길어 한 사람 손에서 단번에 나온 책이 결코 아닙니다. 책에는 묵자의 말을 직접 기록한 편도 있고, 제자가 묵자의 뜻에 맞게 고친 것처럼 보이는 곳도 있습니다. 또한 후세의 언어와 사건이 끼어들어 묵자의 사후에야 쓰였음이 분명한 부분도 있습니다.

『묵자』는 단순하고 통일된 서적이 아니라 서로 다른 부분 몇 가지가 뒤섞인 책입니다. 묵적의 사상과 핵심 가치관을 이해하고 연구한다고 하면 보통 제8편 「상현 상」尚賢上에서 제37편 「비명 하」非命下까지가 가장 중요하다고 봅니다. 하지만 그 가운데 일곱 편은 편명만 있고 내용이 없는 관계로 총 23편이 묵자의 가장 중요한 10가지 주장을 담고 있습니다.

이 서른 편은 「상현」尚賢, 「상동」尚同, 「겸애」兼愛, 「비공」非攻, 「절용」節用, 「절장」節葬, 「천지」天志, 「명귀」明鬼, 「비악」非樂, 「비명」非命으로 모두 10개의 주제가 가지런히 나열돼 있고, 각 편은 다시 상중하 세 편으로 나뉩니다.

이 부분은 엄격한 편집 과정을 거쳤고, 또 가장 이른 시기에 책으로 만들어졌다고 봅니다. 다른 편은 후대에 계속 내용이 추가됐을 가능성이 높습니다.

동시에 이 서른 편에는 한눈에 알아볼 수 있는 매우 뚜렷하고 통일된 특징이 있습니다. 이 특징은 이전의 『시경』詩經, 『상서』尚書, 『좌전』, 『논어』論語 같은 경전과 완전히 다릅니다. 「겸애 상」의 도입부를 예로 들어 보겠습니다.

　　성인은 천하를 다스리는 것을 일로 삼은 자이니 어지러움이 일어난 바를 반드시 알아야 이에 그것을 다스릴 수 있다. 어지러움이 일어난 바를 알지 못하면 다스릴 수 없다. 이를 비유하자면 의원이 사람의 질병을 고치는 것이 그러한데 병이 일어난 바를 반드시 알아야 이에 그것을 고칠 수 있다. 병이 일어난 바를 알지 못하면 다스릴 수 없다. 어지러움을 다스리는 자가 어찌 홀로 그렇지 않겠는가? 반드시 어지러움이 일어난 바를 알아야 이에 그것을 다스릴 수 있다. 어지러움이 일어난 바를 알지 못하면 다스릴 수 없다.

　　聖人以治天下爲事者也, 必知亂之所自起, 焉能治之. 不知亂之所自起, 則不能治. 譬之如醫之攻人之疾者然, 必知疾之所自起, 焉能攻之. 不知疾之所自起, 則弗能攻. 治亂者何獨不然? 必知亂之所自起, 焉能治之. 不知亂之所自起, 則弗能治.

이 단락은 문법이 간결하고 같은 말을 꽤 반복합니다. 이 단락에서 핵심은 그저 '성인이 천하를 잘 다스리려면 먼저 어지러움의 이유를 알아야 한다'가 전부입니다. 이렇게 몇 마디면 다할 수 있는 말을 『묵자』는 긍정적으로 한 번, 부정적으로 한 번 얘기하고 난 뒤에 다시 의원이 병을 고치는 것을 예로 들어 긍정적으로 한 번, 부정적으로 한 번 이야기합니다. 여기서 끝이 아닙니다. 이어서 "어지러움을 다스리는 자가 어찌 홀로 그렇지 않겠는가?"라고 묻고 앞에 나온 내용과 완전히 똑같은 말을 반복합니다.

그렇습니다. 우리는 이전의 고문古文에는 없었던, 대단히 직설적이면서도 대단히 중언부언하는 글쓰기 방법을 만난 것입니다. 『논어』는 일찌감치 숭고한 경전의 지위를 얻어 예로부터 교정과 옮겨 적기, 주해註解와 대조 등의 작업을 수없이 거쳤기 때문에 텍스트가 상대적으로 깔끔하고 명확하며, 편이나 장의 배치가 잘못되거나 함부로 고쳐진 것이 거의 없어 읽는 데 별 어려움이 없습니다. 반면 『묵자』는 한나라 이후 비주류로 전락하면서 텍스트에 잘못된 글자가 많고, 함부로 고친 문장이나 단락도 많습니다. 그런데도 전체적으로 봤을 때, 우리가 책 속의 주요 의미를 이해하는 데 큰 어려움이 없는 이유는 바로 직설적이면서도 중언부언하는 문장 덕분입니다. 『묵자』에는 고대 문자나 흔히 쓰지 않는 문자가 연달아 나타나지 않습니다. 설사 한두 자 보이더라도 앞뒤 문장을 파악해 보면 의미를 금방 알 수 있습니다. 『묵자』에 이해가 안 되는 문장이 나오더라도 걱정하지 마십시오. 거의 예외 없이 앞뒤에 똑같은 의미를 나타내는 반복구가 보일 테니까요. 잠깐만 비교해 보면 이해가 안 되는 그 문장의 문제가 무엇이고, 대체 무슨 말을 하는지 알 수 있습니다.

그래서 『묵자』의 주요 30편을 읽는 방식은 여타 고서 읽기와 크게 다릅니다. 『시경』, 『상서』, 『좌전』, 『논어』 같은 경전을 읽을 때, 우리는 대개 확장식 읽기 방법을 택합니다. 즉 정련되고 압축된 문자에서 불분명하게 말한 부분과 전부 말하지 않은 부분을 고문자나 고문법, 서술 환경 등을 파악하여 분명하고 완전하게 이해할 방법을 찾는 것이죠. 이는 '더하기' 독법이라고 할 수 있습니다. 하지만 『묵자』를 읽을 때는 '빼기' 독법을 사용해야 합니다. 문장에서 반복적으로 열거하고 진술하는 생각을 따로 뽑아내 간단명료하고 정확하게 배열하는 것이죠.

「겸애 상」의 이어지는 단락입니다.

성인은 천하를 다스리는 것을 일로 삼은 자이니 어지러움이 일어난 바를 살피지 않으면 안 된다.

聖人以治天下爲事者也, 不可不察亂之所自起.

앞 문장은 앞서 인용한 도입부를 그대로 베꼈고, 뒤 문장은 부정적으로 말하는 방법으로 앞 인용문의 핵심을 개괄했습니다. 그다음에 가서야 새로운 내용이 나옵니다.

어째서 어지러움이 일어나는 것일까 살펴보면 서로 사랑하지 않음에서 일어난다.

當察亂何自起? 起不相愛.

그러면 '어지러움'이 일어나는 원인은 무엇일까요? 사람과 사람이 서로 사랑하지 않기 때문입니다.

신하와 자식이 임금과 아버지에게 불효하는 것을 어지러움이라 일컫는다. 아들이 자신을 사랑하고 아버지를 사랑하지 않으면 아버지를 저버리고 자신의 이익을 취한다. 동생이 자신을 사랑하고 형을 사랑하지 않으면 형을 저버리고 자신의 이익을 취한다. 신하가 자신을 사랑하고 임금을 사랑하지 않으면 임금을 저버리고 자신의 이익을 취한다. 이를 어지러움이라 일컫는다.

臣子之不孝君父, 所謂亂也. 子自愛不愛父, 故虧父而自利. 弟自愛不愛兄, 故虧兄而自利. 臣自愛不愛君, 故虧君而自利, 此所謂亂也.

세상 사람들이 말하는 '어지러움'이란 무엇일까요? 신하로서 자식으로서 불충하고 불효하는 것이지요. 불효는 어디에서 오는 걸까요? 그 본질은 자기 자신과 자기의 이익만 생각하는 자식의 마음이 아버지에 대한 경애를 넘어서서 자신의 이익을 위해 아버지의 이익을 희생하는 데 있습니다. 마찬가지로 동생이 형을 존경하지 않고, 신하가 임금에게 불충하는 것 모두 자기 자신의 이익을 다른 것보다 높이 두는 데서 비롯됩니다.

그러나 아비가 자식에게 자애롭지 않고, 형이 동생에게 자애롭지 않으며, 임금이 신하에게 자애롭지 않은 것 역시 천하에서 말하는 어지러움이다. 아버지가 자신을 사랑하고 자식을 사랑하지 않으면 자식을 저버리고 자신의 이익을 취한다. 형이 자신을 사랑하고 동생을 사랑하지 않으면 동생을 저버리고 자신의 이익을 취한다. 임금이 자신을 사랑하고 신하를 사랑하지 않으면 신하를 저버리고 자신의 이익을 취한다. 어째서 이렇겠는가? 모두 서로 사랑하지 않아 일어난다.

雖父之不慈子, 兄之不慈弟, 君之不慈臣, 此亦天下之所謂亂也. 父自愛也不愛子, 故虧子而自利. 兄自愛也不愛弟, 故虧弟而自利. 君自愛也不愛臣, 故虧臣而自利. 是何也? 皆起不相愛.

이 긴 문장에서 새로운 건 하나도 없습니다. 단지 앞의 논리에서 방향을 바꿔, '어지러움'은 아랫사람이 윗사람을 따르지 않아서 생길 뿐 아니라 윗사람이 아랫사람에게 자애롭지 않아도 생겨난다고 말합니다. 이러한 현상을 묵자는 아랫사람이 윗사람을 따르지 않는 것과 실제로 똑같은 일로 보았고, 모두 사리사욕의 산물이자 '서로 사랑하지 않는' 상징이라고 여겼습니다.

가령 천하의 도적에 이르면 또한 그러하다. 도적은 그 집은 사랑하면서 다른 집을 사랑하지 않기에 다른 집을 훔쳐 그 집을 이롭게 한다. 강도는 그 몸은 사랑하면서 남을 사랑하지 않기에 남을 해쳐 그 몸을 이롭게 한다. 어째서 이러한가? 모두 서로 사랑하지 않아 일어난다.

雖至天下之爲盜賊者亦然, 盜愛其室, 不愛其異室, 故竊異室以利其室. 賊愛其身, 不愛人, 故賊人以利其身. 此何也? 皆起不相愛.

더 확장해, 도적 또한 '서로 사랑하지 않는' 이기의 상징입니다. 도둑은 남의 집보다 자기 집을 더 중요하게 여기기 때문에 다른 사람의 집을 훔쳐 자기 집의 이익을 늘립니다. 강도는 다른 사람보다 자신을 더 중요하게 여기기 때문에 다른 사람을 해쳐 자신의 이익을 늘립니다.

가령 대부가 서로 집안을 어지럽히고, 제후가 서로 나라를 공격하는 것 또한 그러하다. 대부는 각기 그 집안을 사랑하면서 다른 집안을 사랑하지 않아 다른 집안을 어지럽게 해 그 집안을 이롭게 한다. 제후는 각기 그 나라를 사랑하면서 다른 나라를 사랑하지 않아 다른 나라를 공격해 그 나라를 이롭게 한다. 천하의 어지러운 일은 여기에 갖춰져 있을 뿐이다. 어째서 이러한 일이 일어나는가 살펴보면 모두 서로 사랑하지 않음에서 일어난다.

雖至大夫之相亂家, 諸侯之相攻國者亦然. 大夫各愛其家, 不愛異家, 故亂異家以利其家. 諸侯各愛其國, 不愛異國, 故攻異國以利其國, 天下之亂物具此而已矣. 察此何自起? 皆起不相愛.

다시 나아가 일국의 대부조차 서로 싸우고, 나라와 나라 사이에서 제후가 서로 공격하는 것 역시 마찬가지입니다. 대부가 다른 대부보다 자신의 봉지와 재산만 중시해 다툼을 일으켜 자신의 이익을 도모하길 아쉬워하지 않고, 제후가 다른 나라보다 자신의 나라를 중시해 다른 나라를 공격하여 자기 나라에 좋은 점을 늘리고자 하는 것은 모두 '서로 사랑하지 않아' 일어난 결과입니다.

종합해 보면 묵자는 이 시대에 발생한 '어지러움'이 기실 단일하고 똑같은 근원에서 비롯되었다고 주장합니다. 이런 인과 관계에 따라 그는 '겸애'를 해결 방법으로 제시합니다.

> 만약 천하의 모두가 서로를 사랑하고, 남을 사랑하기를 그 몸 사랑하듯 한다면 불효하는 일이 있겠는가? 아버지와 형과 임금을 그 몸처럼 여긴다면 어찌 불효를 행하겠는가? 자애롭지 않겠는가? 또 동생과 자식과 신하를 그 몸처럼 여긴다면 어찌 자애를 베풀지 않겠는가? 그러므로 불효하거나 자애롭지 못한 것은 없을 것이다.

> 若使天下兼相愛, 愛人若愛其身, 猶有不孝者乎? 視父兄與君若其身, 惡施不孝? 猶有不慈者乎? 視弟子與臣若其身, 惡施其不慈? 故不孝不慈亡有.

여기서 핵심은 "천하의 모두가 서로를 사랑하고, 남을 사랑하기를 그 몸 사랑하듯 한다"에 있습니다. 이것이 '겸애'의 기본 정의입니다. 남을 자신처럼 중요하게 생각하고, 자신의 몸과 이익을 소중히 여기는 것처럼 남을 대한다면 세상의 '어지러움'은 그것이 어떤 '어지러움'이라 하더라도 사라져 버리게 됩니다.

도적이 있겠는가? 그러므로 남의 집을 그 집처럼 여기면, 누가 도적질을 하겠는가? 남의 몸을 그 몸처럼 여긴다면 누가 남을 해치겠는가? 그러므로 도적은 없어질 것이다. 대부가 서로 남의 집안을 어지럽히고, 제후가 서로 남의 나라를 공격하겠는가? 남의 집안을 그 집안처럼 여기면 누가 어지럽게 하겠는가? 남의 나라를 그 나라처럼 여기면 누가 공격하겠는가? 그러므로 대부가 서로 집안을 어지럽히고 제후가 서로 나라를 공격하는 일은 없어질 것이다.

猶有盜賊乎? 故視人之室若其室, 誰竊? 視人身若其身, 誰賊? 故盜賊亡有. 猶有大夫之相亂家, 諸侯之相攻國者乎? 視人家 若其家, 誰亂? 視人國若其國, 誰攻? 故大夫之相亂家, 諸侯 之相攻國者亡有.

남을 자신처럼, 그러니까 다른 사람의 이익을 자신의 이익처럼 여기면 불효와 자애롭지 않음은 없을 것이며, 도적도 없을 것이고 대부와 제후의 혼란과 충돌도 없을 것입니다.

마지막에서 묵자는 이 모든 이치를 방식을 바꿔 정리합니다.

만약 천하의 모두가 서로 사랑한다면 나라와 나라가 서로 공격하지 않고 집안과 집안이 서로 어지럽히지 않으며, 도적이 없어지고 임금과 신하, 아버지와 자식이 모두 효도하고 자애로워질 것이다. 이처럼 된다면 천하는 잘 다스려진다. 따라서 성인이 천하를 다스리는 일을 하는 이로서 어찌 악을 금하고 사랑을 권하지 않겠는가? 그러므로 천하의 모두가 서로 사랑하면 곧 다스려지고, 서로 미워하면 곧 어지러워진다. 그러므로 묵자가 "남을 사랑하라고 권하지 않을 수 없다"라고 말한 건 모두 이 때문이다.

若使天下兼相愛, 國與國不相攻, 家與家不相亂, 盜賊無有, 君臣父子皆能孝慈, 若此則天下治. 故聖人以治天下爲事者, 惡得不禁惡而勸愛? 故天下兼相愛則治, 交相惡則亂, 故子墨子曰 "不可以不勸愛人"者, 此也.

만약 천하의 모든 사람이 남을 자기처럼 보고, 자기처럼 사랑한다면 모든 '어지러운' 현상은 사라져 천하는 태평해지고 잘 다스려질 것입니다. 성인은 천하를 다스리는 일을 자신의 임무로 삼았으므로 당연히 사람들이 서로 사랑하도록 격려하고 서로 미워하지 못하도록 합니다. 이것이 묵자가 '반드시 다른 사람을 중히 여기고 사랑하도록 격려해야 한다'라고 말하는 이유입니다.

시대를 대변한 선구자

우리는 『묵자』의 문장 스타일을 두 가지 각도에서 볼 수 있습니다. 첫째, 『묵자』의 문장에 묵자의 출신 성분과 언어 전달 대상이 반영돼 있을지도 모른다는 것입니다. 묵자는 전통 '왕관학'王官學 내의 '육예'六藝를 온전히 배운 적이 없는 사람으로, 주나라 문장과 책에 대한 이해가 깊지 않아 전고典故의 인용이 적었고, 글도 그다지 복잡하게 쓰지 않았습니다. 묵자가 자신의 이념을 설파하려고 한 대상은 공자처럼 마음속으로 당연히 '왕관학' 교육을 받았다고 여기는 제후나 대부가 아니라 상류층으로 도약하려는 수많은 신흥 세력 및 묵자 자신과 비슷한 배경을 지닌 사람이었을 겁니다. 묵자는 이런 사람들에게 자신의 몇 가지 중요한 이념을 최대한 효과적으로 전달하려고 했습니다.

둘째, 『묵자』에서 묵자의 이념뿐 아니라 그가 이치를 말하고 논하는 스타일을 포착할 수 있다는 것입니다. 한 가지 핵심 관념을 꼭 틀어쥔 채 그 인과를 설명하며 함부로 주제에서 벗어나지 않는 것이 묵자가 선택한 논리 전략입니다. 핵심 관념과 관련된 예시를 반복하고 긍정적인 방향과 부정적인 방향을 바꿔 가며 호소하는 것은 묵자가 채택한 또 다른 논리 전략입니다. 이는 묵자가 가진 언어 논리의 특징이라는 점 외에 그가 고심하여 고른 웅변 기교일 가능성이 높습니다.

『묵자』의 「경 상」經上, 「경 하」經下, 「경설 상」經說上, 「경설 하」經說下, 「대취」大取, 「소취」小取 여섯 편을 통상 '묵변'墨辯이라고 부릅니다. 시간대로 보면, '묵변'이 만들어진 시기는 비교적 늦어 묵자의 시대보다 뒤였으리라 짐작합니다. 내용으로 보면, '묵변'은 논리학과 윤리학을 다룬 편들로, 어떻게 추리하고 논변해야 가장 효과가 있을지 탐색하고 논합니다. 따라서 '묵변'을 보면, 묵자 자신이 의식적으로 논변에 흥미를 가졌기에 후대의 묵가에서 이렇게 주장을 담아 엮어 냈다고 믿을 이유가 됩니다.

'묵변' 여섯 편은 방법론을 다룹니다. 무엇을 주장하느냐가 아니라 주장을 어떻게 펼칠지 정리하고 지도하는 데 중점이 있습니다. 이 여섯 편은 비록 『묵자』에 실려 있지만 묵자나 묵가의 사상과 그다지 밀접한 관련이 없고, 오히려 이후에 발전한 '명가'名家와 훨씬 분명하고 명확한 관련을 보입니다. 「소취」의 내용을 보겠습니다.

무릇 '변'이란 옳음과 그름의 분별을 명확히 하고, 다스림과 어지러움의 기율을 살피고, 같음과 다름의 자리를 밝히고, 이름과 실제의 이치를 살피고, 이로움과 해로움을 처리하고, 의심스러운 것을 해결하는 것이다.

夫辯者, 將以明是非之分, 審治亂之紀, 明同異之處, 察名實之理, 處利害, 決嫌疑.

이런 언어나 사상은 『공손룡자』公孫龍子에서도 거듭 확인할 수 있습니다. 「경 상」의 "같음同은 중동重同, 체동體同, 합동合同, 유동類同이 있다."同–重, 體, 合, 類., "다름異은 이二, 불체不體, 불합不合, 불류不類가 있다"異–二, 不體, 不合, 不類.도 '명가'에서 주장하는 각종 궤변 논리와 유사합니다.

묵자와 묵가는 처음으로 '변'을 연구해, '변'의 논리와 원칙을 귀납하고 정리하고자 했고, 그 방법론은 훗날 독립해 나와 '명가'를 이루었습니다. 더 시간이 지나 '같음과 다름을 밝히고, 이름과 실제를 살피는' 방법은 다시 법가法家에서 그대로 가져다 '법'의 규범을 정리하는 데에 이용했습니다. 이는 복잡하고 다채로운 중국 고대사상사에서 중요한 흐름 중 하나입니다.

'변'辯과 '논'論에는 미묘한 차이가 있습니다. 『논어』와 『묵자』의 스타일을 비교해 보도록 하겠습니다.

『논어』에서 공자는 각종 사건과 문제에 맞춰 답을 제시하면서 옳고 그름, 선과 악, 좋고 나쁨 같은 도덕적 판단을 직접 드러냅니다. 이것이 '논'입니다. '논'의 핵심은 평가와 판단으로, 공자는 자신의 평가와 판단으로 결론을 냅니다. 하지만 추론 과정이나 배경을 설명하지 않기 때문에 우리는 『논어』를 읽을 때 최대한 추론 과정과 배경을 새롭게 구성해 보는 한편으로, 우리 자신의 경험과 관찰력을 동원해 공자의 판단과 비교하거나 그에 맞서기도 합니다. 그러나 '논'의 단점은 이런 평가와 판단으로 내린 결론이 유용되기 쉽다는 것, 즉 원래의 추론 과정 및 배경과 완전히 다른 방향에서 공자의 원래 의도를 바꾸거나 심지어 왜곡하기가 몹시 쉽다는 것입니다.

　전국 시대의 큰 특징 중 하나는 사람들의 말과 표현 방식의 주류가 '논'에서 '변'으로 대체되었다는 점입니다. '변'은 다원화 및 상호 간에 충돌하는 의견과 입장이 여러 갈래로 갈라져, 사람들이 대화할 때의 공통 인식이 점점 얄팍해진 데서 비롯됩니다. 서로 자기 말만 하고, 각자 자기 주장만 내세우는 것이죠. 말하거나 표현할 때 더 이상 간단한 가설을 세울 수가 없었습니다. 전에는 서로 어떤 일과 가치관에 대해 필연적이고 공통된 관점이 있었기에 그 부분의 설명을 생략하고 자신이 얻은 지혜와 결론만 내놓으면 됐지만 이제는 불가능해진 겁니다.

　이런 흐름에 따라 특히 나라 간의 합종연횡合縱連橫과 관련된 책략에서 의견이 대치하고 논쟁이 일어나면서, '종횡가'縱橫家가 대두하게 되었습니다. 그들의 주장이 설득력을 가지느냐 여부는 거대한 이익이나 국가의 존망까지 영향을 미쳤습니다. 이런 현실적인 정세가 '변'의 유행을 가져왔고, '변'에 대한 갖가지 연구를 이끌었습니다. '변'은 설득법입니다. 상대방에게 나의 주장이 무엇인지, 왜 이런 주장을 펴는지, 왜 상대방이 내 주장에 동의하고 내 주장을 받아들여야 하는지 알려야 합니다. 또한 상대방이 들고 나올지 모를 질문을 미리 준비하는 동시에 나와 반대되는 주장을 흔들고 뒤집어야 합니다.

이전의 '왕관학' 전통에는 '변'이 없었습니다. 『상서』 「반경」盤庚에서 비록 반경이 백성에게 천도하는 이유를 조목조목 설명하긴 하지만 어쨌든 이는 매우 위협적인 분위기에서 이루어진 일입니다. 그 외에 『시경』, 『주역』周易, 『예기』禮記 같은 문헌에서는 모두 명확한 어조로 호소하고 규범화하는데 이는 '진리로 규정된 언어'의 형태입니다.

「겸애 상」 전편의 내용을 『논어』의 형식으로 빌려 말한다면 이 한마디로 요약할 수 있습니다.

"공자가 말했다. '천하의 혼란은 모두 서로 사랑하지 않는 데에서 비롯된다. 천하 사람이 두루 서로 사랑한다면 잘 다스려질 것이다.'"子曰 "天下之亂, 皆起不相愛. 使天下兼相愛, 治也." 그러나 묵자는 이렇게 말하지 않았습니다. 혹은 진리를 규정하는 태도로 말하지 않았다고 할 수 있겠습니다. 그가 활용한 것은 '변'이지 '논'의 방식이 아닙니다.

이런 점에서 봤을 때, 묵자 이후에 거세게 전개된 '웅변 시대'의 선구자는 묵자로 봐야 마땅합니다. 그가 바로 인과관계를 나열하고 예증을 반복해 열거하여 타인을 설득하려고 노력한 최초의 인물입니다. 「대취」에 이런 말이 나옵니다. "(말은) 이유로 생겨나고, 이치로 자라나며, 유사한 사례로 확장된다."以故生, 以理長, 以類行也者. "말은 유사한 사례로 확장되는데, 말을 세우고도 유사한 사례로 명확히 하지 못하면 반드시 곤란에 처한다."夫辭以類行者也, 立辭而不明於其類, 則必困矣. 앞 문장은 논변의 양태를 설명합니다. 인과의 토대에 서고 이치를 끌어내며 아울러 예증을 내놓아야 하는 것이죠. 뒤 문장은 예증의 중요성을 한층 더 강조합니다. 만약 다각도로 예증을 제시할 수 없다면 주장하는 논리는 설득력을 잃게 된다는 말이지요.

2

작은 생각의 차이

「겸애 중」입니다.

묵자가 말했다. "어진 사람이 일을 함은 반드시 천하의 이로움을 일으키고, 천하의 해로움을 제거함으로써 일을 한다." 그렇다면 천하의 이로움은 무엇인가? 천하의 해로움은 무엇인가? 묵자가 말했다. "지금 만약 나라와 나라가 서로 공격하고, 가문과 가문이 서로 빼앗으며, 사람과 사람이 서로 해치고, 임금과 신하가 서로 은혜를 베풀지 않고 충성스럽지 않으며, 아버지와 자식이 서로 자애롭지 않고

효성스럽지 않으며, 형과 아우가 서로 화목하지 않으면 이
것이 바로 천하의 해로움이다."

子墨子言曰 "仁人之所以爲事者, 必興天下之利, 除去天下之
害, 以此爲事者也." 然則天下之利何也? 天下之害何也? 子
墨子言曰 "今若國之與國之相攻, 家之與家之相篡, 人之與人
之相賊, 君臣不惠忠, 父子不慈孝, 兄弟不和調, 此則天下之
害也."

묵자는 "어진 사람이 일하는 준칙은 천하의 이익을 일
으키고, 천하의 해악을 제거하는 것이다"라고 말합니다. 이
는 '변'이 출발하는 입장이자 「대취」에서 "(말은) 이유로
생겨나고, 이치로 자라난다"라고 할 때의 '이유'故입니다.
이어 이런 입장을 명확히 하고 이런 입장을 청중에게 이해
시키기 위해, 『묵자』에는 훗날 '대변론 시대'에서 자주 보
이는 또 다른 변론술이 나옵니다. 그것은 바로 질문의 반복
과 자문자답입니다.
    "그렇다면 천하의 이익이란 무엇인가? 천하의 해악이
란 무엇인가?"
    스스로 질문한 뒤 묵자가 대답합니다. "나라와 나라,

대부와 대부, 사람과 사람이 서로 다투고 해치는 것과 상하 관계가 긴장되고 불화하는 것이 바로 '천하의 해악'이다."

이 대답으로부터 새로운 문답이 꼬리를 물고 생겨납니다.

그렇다면 이런 해로움이 어떻게 생겨났는지 살펴보자. 서로 사랑하지 않기 때문에 생겨난 것인가? 묵자가 말했다. "서로 사랑하지 않기 때문에 생겨난 것이다. 지금 제후들은 그 나라만 사랑할 줄 알고 남의 나라를 사랑하지 않아 그 나라를 일으켜 남의 나라를 공격하는 데 거리낌이 없다. 지금 가문의 주인들은 그 가문만 사랑할 줄 알고 남의 가문을 사랑하지 않아 자기 가문을 일으켜 남의 가문을 빼앗는 데 거리낌이 없다. 지금 사람들은 그 몸만 사랑할 줄 알고 남의 몸을 사랑하지 않아 그 몸을 일으켜 남의 몸을 해치는 데 거리낌이 없다. 이런 까닭에 제후는 서로 사랑하지 않으면 반드시 들판에서 싸우고, 가문의 주인은 서로 사랑하지 않으면 반드시 서로 빼앗으며, 사람과 사람이 서로 사랑하지 않으면 반드시 서로 해치고, 임금과 신하가 서로 사랑하지 않으면 은혜롭지 않고 충성스럽지 않게 되며, 아버지와 자식이 서로 사랑하지 않으면 자애롭지 않고 효성스럽지 않게 되고, 형과 아우가 서로 사랑하지 않으면 화목하지 않게 되는 것이다. 천하의 사람들이 모두 서로 사랑하지 않으면 강자는 반드시 약자를 다스리고, 부자는 반드시 가난한 자를 업신여기며, 귀한 자는 반드시 천한 자를 오만하게 대하고, 간사한 자는 반드시 어리석은 자를 속이게 된다. 천하의 재앙과 강탈, 원한, 그것이 일어나는 이유는 서로 사랑하지 않는 데서 비롯된다. 이 때문에 어진 사람은 이를 비난한다."

然則察此害亦何用生哉? 以不相愛生邪? 子墨子言 "以不相愛生. 今諸侯獨知愛其國, 不愛人之國, 是以不憚舉其國以攻人之國. 今家主獨知愛其家, 而不愛人之家, 是以不憚舉其家以篡人之家. 今人獨知愛其身, 不愛人之身, 是以不憚舉其身以賊人之身. 是故諸侯不相愛則必野戰, 家主不相愛則必相篡, 人與人不相愛則必相賊, 君臣不相愛則不惠忠, 父子不相愛則不慈孝, 兄弟不相愛則不和調. 天下之人皆不相愛, 強必執弱, 富必侮貧, 貴必敖賤, 詐必欺愚. 凡天下禍篡怨恨, 其所以起者, 以不相愛生也, 是以仁者非之."

"그렇다면 이런 천하의 해악이 생겨나는 이유를 따져

볼 필요가 있다. 사람과 사람 사이에 서로 사랑하지 않기 때문 아닐까?" 이 질문의 답은 질문 안에 이미 들어 있습니다. 묵자도 이 질문에 당연히 동의합니다. "그렇다. 서로 사랑하지 않기 때문이다. 자기만 사랑하고 남을 사랑하지 않기 때문에 거리낌 없이 남을 침해하고 공격하는 것이다. 나라나 대부, 일반 사람 모두 이와 같다. 심지어 군신, 부자, 형제도 서로 사랑하지 않으면 은혜와 충성, 자애와 효성, 조화와 화목 같은 상하 간의 정상적인 감정이 사라져 버린다. 천하의 모든 사람이 서로 사랑하지 않는다면 세상은 약육강식의 잔혹한 세상으로 바뀌고 말 것이다. 그러므로 모든 화란禍亂과 악독한 감정은 서로 사랑하지 않는 데서 비롯된다." 이어 묵자는 작은 결론을 내립니다. "그렇기 때문에 어진 사람은 서로 사랑하지 않는 것에 반대함을 일의 준칙으로 삼는다."

이미 이를 비난했다면 무엇으로 이를 대신해야 하는가? 묵자가 말했다. "두루 서로 사랑하고 모두 서로 이롭게 하는 방법으로 이를 대신할 수 있다."

既以非之, 何以易之? 子墨子言曰 "以兼相愛, 交相利之法易之."

묵자가 또다시 묻습니다.

"서로 사랑하지 않는 것에 반대한다면 어떤 방법으로
이를 대체해야 할까?"

그리고 답합니다.

"두루 서로 사랑하고兼相愛 모두 서로 이롭게 하는交相利
원칙으로 이를 대체해야 한다."

그렇다면 두루 서로 사랑하고 모두 서로 이롭게 하는 방법
이란 어떻게 해야 하는 것인가? 묵자가 말했다. "남의 나
라 보기를 자기 나라 보듯 하고, 남의 가문 보기를 자기 가
문 보듯 하며, 남 보기를 자기 보듯 한다. 그리하여 제후가
서로 사랑하면 들판에서 싸울 일이 없고, 가문의 주인이 서
로 사랑하면 서로 빼앗을 일이 없으며, 사람과 사람이 서로
사랑하면 서로 해칠 일이 없고, 임금과 신하가 서로 사랑하
면 은혜롭고 충성하며, 아버지와 자식이 서로 사랑하면 자
애롭고 효성스러우며, 형과 아우가 서로 사랑하면 화목해
진다. 천하의 사람이 모두 서로 사랑하면 강자가 약자를 다
스리지 않고, 다수가 소수를 겁박하지 않으며, 부자가 가

난한 자를 업신여기지 않고, 귀한 자가 천한 자를 오만하게
대하지 않으며, 간사한 자가 어리석은 자를 속이지 않는다.
천하의 재앙과 찬탈, 원한이 일어나지 않게 하는 것은 서로
사랑함으로써 비롯될 수 있다. 그래서 어진 사람이 이를 기
린다.

然則兼相愛, 交相利之法將奈何哉? 子墨子言 "視人之國若視
其國, 視人之家若視其家, 視人之身若視其身. 是故諸侯相愛
則不野戰, 家主相愛則不相簒, 人與人相愛則不相賊, 君臣相
愛則惠忠, 父子相愛則慈孝, 兄弟相愛則和調. 天下之人皆相
愛, 強不執弱, 衆不劫寡, 富不侮貧, 貴不敖賤, 詐不欺愚. 凡
天下禍簒怨恨可使毋起者, 以相愛生也, 是以仁者譽之."

연이어 묻습니다. "만약 두루 서로 사랑하고 모두 서로
를 이롭게 하는 원칙을 실행한다면 어떤 효과가 나타날까?"
묵자는 바로 앞에서 열거한 '서로 사랑하지 않아' 나타나는
갖가지 해로운 점을 전부 반대로 얘기해 줍니다.
다시 질문이 이어집니다.

그러나 지금 천하의 사군자士君子는 말한다. "그렇다. 두루

사랑할 수 있다면 좋은 일이다. 비록 그러하지만 이는 천하에서 실천하기 어렵고 힘든 일이다."

然而今天下之士君子曰 "然, 乃若兼則善矣, 雖然, 天下之難物于故也."

지금 천하의 사군자가 이 이치를 듣고 오히려 이렇게 말합니다. "맞는 말이다. 모두 서로 사랑한다면 얼마나 좋겠는가! 하지만 세상에서 가장 어려운 일은 바로 습성을 바꾸는 것이다."(어떻게 세상 사람에게 '겸애'의 이치를 분별하게 하고, '겸애'로 나아가게 하는가?)

묵자가 말했다. "천하의 사군자는 그저 그 이로움을 알지 못하고 그 원인을 분별하지 못할 뿐이다. 지금 만약 성을 공격하려고 들판에서 싸운다고 하면, 자신을 희생해 명성을 이루는 것은 천하의 백성이 모두 어려워하는 일이다. 그러나 군주가 이를 좋아한다면 병사 무리는 그리할 수 있게 된다. 하물며 두루 서로 사랑하고 모두 서로 이롭게 하는 일이 이와 다를 바 있겠는가? 무릇 남을 사랑하면 남도 반드시 그를 좇아 사랑하고, 남을 이롭게 하면 남도 반드시 그를 좇아 이롭게 해 줄 것이다. 남을 미워하면 남도 반드시 그를 좇아 미워하고, 남을 해치면 남도 반드시 그를 좇아 해치게 된다. 이것이 무엇이 어렵단 말인가! 단지 군주가 이로써 정치하지 않고, 선비가 이로써 행하지 않기 때문일 뿐이다."

子墨子言曰 "天下之士君子, 特不識其利, 辯其故也. 今若夫攻城野戰, 殺身爲名, 此天下百姓之所皆難也, 苟君說之, 則士衆能爲之. 況於兼相愛交相利, 則與此異. 夫愛人者, 人必從而愛之. 利人者, 人必從而利之. 惡人者, 人必從而惡之. 害人者, 人必從而害之. 此何難之有! 特上弗以爲政, 士不以爲行故也."

묵자가 이에 답합니다.

"천하의 사군자는 '겸애'의 진정한 이점을 모르기 때문에 습성은 바꾸기 어렵다고 핑계를 댈 뿐이다. 성을 공격하고 싸우는 것을 예로 들어 보자. 명성을 이루기 위해 목숨을 바치는 것은 천하의 백성에게 지극히 어려운 일이다. 그러나 왕이 이를 좋아한다면 일반 백성도 할 수 있게 된다. 더군다나 두루 서로 사랑하고, 모두 서로 이롭게 하는 일은 성을 공격하고 목숨을 바치는 것과 완전히 다르다. 만약 당신이 남을 사랑하면 남도 따라서 당신을 사랑하고, 남을 이롭게 하면 남도 따라서 당신을 이롭게 할 것이다. 거꾸로 당신이 남을 미워하면 남도 따라서 당신을 미워하고, 남을 해치면 남도 따라서 당신을 해칠 것이다. 남을 사랑하고 이롭게 해 주는 일에 무슨 어려움이 있겠는가? 다만 왕이 사람을 사랑하고, 이롭게 하는 것을 정책의 원칙으로 삼지 않고, 일반 사군자도 이를 받들어 행하지 않을 뿐이다."

묵자는 한 걸음 더 나아가 역사에서 예를 들어 강조합니다.

옛날에 진晉나라 문공文公은 선비의 나쁜 옷차림을 좋아했다. 그래서 문공의 신하는 모두 암컷 양으로 갖옷을 지어 입고, 무두질한 가죽으로 띠를 만들어 칼을 차며, 거친 비단으로 짠 관을 쓰고서, 들어가 임금을 알현하고 나와서 조정을 밟았다. 그 이유가 무엇인가? 임금이 그것을 좋아하여 신하가 그리한 것이다. 옛날에 초楚나라 영왕靈王은 선비의 가는 허리를 좋아했다. 그래서 영왕의 신하는 모두 한 끼 밥으로 절식하고, 숨을 멈춘 뒤 허리띠를 매어, 벽을 짚고서야 겨우 일어났다. 일 년 뒤 조정에는 검은빛이 돌았다. 그 이유가 무엇인가? 임금이 그것을 좋아하여 신하가 그리한 것이다. 옛날에 월越나라 왕 구천句踐은 병사의 용맹을 좋아했다. 그는 병사들을 훈련시키기 위해 은밀히 사람을 시켜 배에 불을 지르고서 시험 삼아 병사에게 말했다. "월나라 보물이 모두 저 안에 있다!" 월나라 왕은 친히 북을 치면서 병사를 나아가게 했다. 병사들이 북소리를 듣고 대오를 흩뜨리며 어지럽게 달려가, 불에 뛰어들어 죽은 자가 좌우로 백 명이 넘었다. 그제야 월나라 왕이 징을 쳐 병사를 물러나게 했다.

昔者晉文公好士之惡衣, 故文公之臣皆牂羊之裘, 韋以帶劍, 練帛之冠, 入以見於君, 出以踐於朝. 是其故何也? 君說之, 故臣爲之也. 昔者楚靈王好士細要, 故靈王之臣皆以一飯爲節, 脇息然後帶, 扶牆然後起. 比期年, 朝有黧黑之色. 是其故何也? 君說之, 故臣能之也. 昔越王句踐好士之勇, 教馴其臣和合之, 焚舟失火, 試其士曰 "越國之寶盡在此!" 越王親自鼓其士而進之. 士聞鼓音, 破碎亂行, 蹈火而死者左右百人有餘, 越王擊金而退之.

굳이 예를 들지 않아도 그만이지만 묵자는 연달아 성격

이 같은 사례 세 가지를 들어 설명합니다. 임금의 기호가 어떻게 신하들의 행동을 바꾸는지 말이죠. 그중 첫 번째 예입니다.

"진나라 문공은 사람들의 남루한 옷차림을 좋아했다. 그래서 그의 신하는 모두 질 낮은 암양 갖옷을 입고, 칼집 없이 무두질한 소가죽으로 띠를 만들어 칼을 찼으며, 거친 비단으로 만든 관모를 썼다. 이런 차림으로 입궁해 왕을 배알하고, 나와서는 조정을 거닐었다. 이들에게 고치기 어려운 옛 습관이 어디에 있겠는가? 임금이 좋아하기만 하면 신하는 그렇게 한다."

두 번째 사례를 보지요.

"초나라 영왕은 허리가 가는 사람을 좋아했다. 그래서 그의 신하는 모두 하루에 밥을 한 끼만 먹고, 깊이 숨을 들이마신 뒤 허리띠를 맸으며, 배고픔에 기력이 없어 한번 주저앉으면 벽을 짚고서야 겨우 일어설 수 있었다. 일 년이 지난 후 조정은 검고 야윈 얼굴로 가득했다. 이 신하들에게 고치기 어려운 옛 습관이 어디에 있겠는가? 임금이 좋아하기만 하면 신하는 그렇게 한다."

마지막 세 번째 예입니다.

"월나라 왕 구천은 용사를 좋아했다. 신하들을 모아 훈

런시킬 때 일부러 배에 불을 지른 다음 그들을 떠보았다. '월나라의 귀중한 보물이 모두 배 안에 있다!' 그러고는 친히 공격 명령을 내릴 때 치는 북소리로 그들을 자극했다. 북소리가 들리자 이들은 기존의 대오와 대형을 완전히 무시한 채 너도나도 앞다퉈 불 속으로 뛰어들었고 이에 죽은 자가 백 명이 넘었다. 월나라 왕이 퇴각 명령을 알리는 징을 치고서야 그들을 물러나게 할 수 있었다."

이 세 가지 예에 초점을 맞춰 묵자는 다시 작은 결론을 내리는데, 맨 앞 구절을 제외한 나머지는 앞에서 언급한 내용 그대로입니다.

그래서 묵자가 말했다. "음식을 줄이고 나쁜 옷을 입으며 자신을 희생해 명성을 이루는 것은 천하의 백성이 모두 어려워한다. 그러나 군주가 이를 좋아한다면 사람들은 그리 할 수 있게 된다."

是故子墨子言曰 "乃若夫少食惡衣, 殺身而爲名, 此天下百姓之所皆難也, 若苟君說之, 則眾能爲之."

배가 고파도 배불리 먹지 못하고, 거칠고 편하지 않은

옷을 입으며, 심지어 자신의 목숨을 잃는 것은 세상 사람 누구나 하고 싶어 하지 않는 일입니다. 그러나 왕이 이를 좋아한다면 사람들은 충분히 할 수 있게 됩니다.

고대사의 폭발적인 확장

가상의 청자는 여기까지 듣고도 완전히 설득되지 않아 다시 질문을 내놓습니다.

하지만 지금 천하의 사군자는 말한다. "그렇다. 두루 할 수 있다면 좋은 일이다. 비록 그러하지만 행하기 어려운 일이다. 비유하면 마치 태산太山을 들고 황하와 제수濟水를 건너는 것과 같다."

然而今天下之士君子曰 "然, 乃若兼則善矣. 雖然, 不可行之物也, 譬若挈太山越河濟也."

이는 앞의 질문과 유사합니다. 이치상으로 '겸애'가 홀륭하다는 데에 동의하지만, '겸애'가 설사 논리적으로 절대 실행 불가능한 것이 아니라 해도, 현실적으로는 상상하기 어려운 난이도를 가지고 있다는 것입니다. 모든 사람에게 이기심을 버리고 남을 자신처럼 사랑하라고 할 수 있을까요? 이는 태산을 둘러메고 황하와 제수를 건너는 것처럼 어려운 일이 아닐까요?

묵자가 말했다. "이는 올바른 예가 아니다. 태산을 들고 황하와 제수를 건너는 것은 날쌔고 힘이 세다고 이를 만하나, 예로부터 지금까지 그것을 능히 행한 자는 없었다. 하물며 두루 서로 사랑하고 모두 서로 이롭게 하는 일은 이와 다르다. 옛날에 성왕聖王이 그것을 행했다."

子墨子言 "是非其譬也. 夫挈太山而越河濟, 可謂畢劫有力矣, 自古及今, 未有能行之者也. 況乎兼相愛交相利, 則與此異, 古者聖王行之."

묵자의 대답은 이 비유를 부정하면서 시작합니다. 태산을 둘러메고 황하와 제수를 건너려면 불가사의한 힘이 필요하므로 예로부터 지금까지 누구도 이를 행한 자는 없었습니다. 그러나 두루 서로 사랑하고 모두 서로 이롭게 하는 일은 그렇지 않아서 역사적으로 이를 실천한 사람이 있다고 묵자는 말합니다. 역사를 통해 그것이 실천 가능한 일임을 확실히 증명할 수 있다는 것이죠.

여기서 우리는 역사의 용도를 볼 수 있고, 또 전국 시대에 왜 역사 지식과 역사에 관한 토론이 이토록 발달했는지 명료하게 알 수 있습니다. 심지어 이로 인해 대혼란이 벌어졌음도 이해하게 되지요.

난세에서 벗어날 방법을 찾으려고 노력하던 시대에 사람의 상상력은 무한히 확대되고, 수많은 사람이 각기 다른 답안을 제시합니다. 하지만 현실을 바로잡고 미래를 계획하려는 이런 시도는 공통된 질문과 도전에 부딪힙니다. '일리 있는 말이긴 한데, 그게 가능할까? 실현할 방법이 있어?'

현실에 초점을 맞춰 나온 질문이기 때문에 추상적인 이치로는 대답할 수 없습니다. 그럼 어떻게 해야 할까요? 가장 자연스럽고 유력한 답을 여기서 묵자가 제시합니다. '가능해. 역사에 구체적인 사례가 있으니 부정할 수 없지.'

이런 영향을 받는 사람은 대체로 새로운 주장을 제기하려는 사람이었고, 그들은 모두 기이한 압박을 느껴 한사코 역사 속에서 사례를 찾아 자신의 주장이 실행 가능하다는 근거로 삼고자 했습니다. 그러다 보니 역사 토론이 당연히 활발해졌습니다. 하지만 정말로 모든 주장에 다 역사의 실례가 있을까요? 분명히 그들은 봉건 질서가 와해되고, 수백 년 동안 겪어 보지 못한 비상시국에 직면해 있었습니다. 단호하게 봉건 사회가 원래 지녔던 정신을 회복해야 함을 주장한 공자 같은 사람이 아니라면, 개혁 추구의 이상을 가진 사람들은 수백 년 역사 속에서 어떻게 사례를 찾았을까요?

한 가지 방법은 아주 먼 옛날, 즉 주나라 이전 역사에서 찾는 것이고, 또 다른 방법은 스스로 역사 사례를 지어내는 것입니다. 이 두 가지 방법은 쉽게 하나로 융화되었습니다. 주나라 이전의 고대 역사는 본래 진위 여부를 가리기 어렵기에, 지어낸 얘기를 역사 속에 끼워 넣는다고 한다면 보통 오래된 이야기일수록 안도감과 신뢰감을 얻기 마련이지요.

그래서 중국 역사는 전국 시대에 전에 없이 팽창했고, 고대사는 훨씬 오래된 시대로 확장됐습니다. 후대의 엄격한 금석학金石學이나 고증학考證學, 나아가 현대의 고고학이 발달하기 전까지 사람들은 오직 전국 시대에 전해진 자료에 근거해 고대사를 기록하고 이해했습니다. 이에 따라 중국 고대사는 당연하게도 과장된 색채가 강해졌죠.

묵자가 두루 서로 사랑하고 모두 서로 이롭게 하는 것

이 실천 가능함을 증명하기 위해 든 첫 번째 사례는 하나라 우임금입니다.

"무엇으로 그러함을 알 수 있을까? 옛날에 우임금이 천하를 다스릴 때, 서쪽으로 서하西河와 어두漁竇를 만들어 거渠, 손孫, 황皇의 물을 빼냈다. 북쪽으로 원수原水와 고수派水를 막아 후지저后之邸와 호지嘑池의 물길로 흐르게 했다. 저주底柱에서 갈라져 흐르게 한 뒤 용문龍門을 뚫어 연燕, 대代, 호胡, 맥貊, 서하의 백성을 이롭게 했다. 동쪽으로는 대륙으로 물을 빼고, 맹저孟諸의 못을 막아 물이 아홉 갈래로 흐르도록 해 동쪽 땅의 홍수를 막음으로써 기주冀州의 백성을 이롭게 했다. 남쪽으로는 장강, 한수漢水, 회수淮水, 여수汝水를 동쪽으로 흐르게 하고, 오호五湖 일대에 물을 주입함으로써 형荊, 초楚, 간干, 월越, 남이南夷의 백성을 이롭게 했다. 이는 우임금의 일을 말한 것으로 내가 지금 말한 겸애를 행한 것이다."

"何以知其然? 古者禹治天下, 西爲西河漁竇, 以洩渠孫皇之水. 北爲防原派, 注后之邸, 嘑池之竇, 灑爲底柱, 鑿爲龍門, 以利燕代胡貊與西河之民. 東爲漏大陸, 防孟諸之澤, 灑爲九

澮, 以楗東土之水, 以利冀州之民. 南爲江漢淮汝, 東流之,
注五湖之處, 以利荊楚干越與南夷之民. 此言禹之事, 吾今
行兼矣."

"옛날에 우임금이 천하를 다스릴 때, 서쪽으로는 서하
와 어두를 개통해 거, 손, 황의 물을 그쪽으로 흐르게 했다.
북쪽으로는 원수와 고수 가에 제방을 쌓아 이 두 강물이 후
지저를 따라 호지 안으로 흘러갔다가 저주산에서 나뉘게 하
였다. 그다음 용문산을 뚫어 이 강물들이 순조롭게 흐르게
해 연, 대, 호, 맥, 서하의 백성을 기쁘게 했다. 동쪽으로는
대륙으로 물을 흘려 말리고, 맹저의 못가에 제방을 쌓아 물
이 아홉 갈래로 나뉘어 흐르게 하여 동쪽 땅의 홍수를 다스
림으로써 기주의 백성을 기쁘게 했다. 남쪽으로는 장강, 한
수, 회수, 여수를 동쪽으로 흐르게 하고, 물을 오호에 가두
어 형, 초, 간, 월, 남이의 백성을 기쁘게 했다. 지금까지 얘
기한 것은 우임금이 행한 일이자 우리가 지금 주장하는 '겸
애'의 사례이다."

우임금이 이토록 고생을 자처한 이유는 이기심이 아니
라 백성을 행복하게 해 주고 남을 자신처럼 사랑했기 때문
이라는 것이죠.

묵자는 또 한 가지 예를 듭니다.

"옛날에 문왕이 서쪽 땅을 다스릴 때, 마치 해와 달처럼 서쪽 땅에서 사방으로 밝게 빛을 발했다. 대국으로서 소국을 업신여기지 않고, 무리로 홀아비와 과부를 업신여기지 않으며, 폭력이나 권세로 농민의 곡식과 가축을 빼앗지 않았다. 하늘이 문왕의 자애를 흡족히 내려다보고 늙도록 자식 없는 자가 그 수명을 마칠 수 있도록 하고, 외롭고 형제가 없는 자가 사람 사이에 잘 섞일 수 있도록 하며, 어려서 부모를 잃은 자가 의지하여 성장할 수 있도록 했다. 이는 문왕의 일로 내가 지금 말한 겸애를 행한 것이다."

"昔者文王之治西土, 若日若月, 乍光於四方于西土, 不爲大國侮小國, 不爲衆庶侮鰥寡, 不爲暴勢奪穡人黍稷狗彘. 天屑臨文王慈, 是以老而無子者, 有所得終其壽. 連獨無兄弟者, 有所雜於生人之間. 少失其父母者, 有所放依而長. 此文王之事, 則吾今行兼矣."

"옛날에 주나라 문왕이 서쪽 땅을 다스리면서 해와 달처럼 서쪽 땅에서 사방으로 빛을 발하였다. 큰 나라가 작은 나라를 괴롭히고, 친족이 많은 집단이 의지할 데 없이 외로운 사람을 괴롭히며, 폭력으로 농민의 곡식과 가축을 빼앗는 것을 용납하지 않았다. 하늘도 문왕의 자애에 따라 늙도록 자식 없는 자가 천수를 누리게 하고, 형제가 없는 자가 친족 관계가 아닌 사람들과 함께 생활하게 하며, 어려서 부모를 잃은 사람은 자라면서 필요한 의지처를 얻도록 해 주었다. 문왕이 행한 일은 오늘날 우리가 실천하고자 하는 '겸애'의 사례이다."

문왕은 다른 사람을 보살피고 자신처럼 사랑했기에 해와 달처럼 빛을 발할 수 있었던 것입니다.

"늙도록 자식 없는 자…… 외롭고 형제가 없는 자…… 어려서 부모를 잃은 자……"라고 열거된 예는 『예기』禮記「예운」禮運을 연상시킵니다.

노인이 편안하게 생을 마치고, 장성한 사람은 쓰일 곳이 있으며, 아이는 자랄 곳이 있고, 홀아비와 과부, 고아, 자식 없는 노인, 불구자는 모두 보살펴 주는 곳이 있다.

使老有所終, 壯有所用, 幼有所長, 鰥寡孤獨廢疾者, 皆有所養.

이 단락은 후에 '대동'大同으로 불립니다. '대동'의 핵심은 친족의 경계를 허물어 친족이 없거나 친족을 잃은 사람도 사회에서 편안하게 보살핌을 받을 수 있도록 하는 것입니다. 이는 봉건 질서에서 내놓은 주요 내용을 확장하고 수정한 것으로, 묵가의 '겸애'에서 큰 영향을 받았을 가능성이 높습니다.

자, 이제 세 번째 예를 봅시다.

"옛날에 무왕武王이 태산泰山에서 수隧 제사를 올릴 때, 이렇게 말했다고 전한다. '태산이여, 유도有道의 증손 주왕周王에게 대사가 있었습니다. 대사는 이미 얻었고, 어진 이도 일어나 상商과 하를 받들고 사방의 여러 민족을 안정시켰습니다. 비록 주나라 친족이 있으나 어진 사람만 못합니다. 만방에 죄가 있다면 오로지 저에게 책임이 있습니다.' 이는 무왕의 일을 말한 것으로 내가 오늘날 행하려는 겸애이다."

"昔者武王將事泰山隧, 傳曰 '泰山, 有道曾孫周王有事, 大事既獲, 仁人尚作, 以祗商夏, 蠻夷醜貉. 雖有周親, 不若仁人.

萬方有罪, 維予一人.' 此言武王之事, 吾今行兼矣."

'燧'(수)는 '燧'(수)와 같은 뜻으로 연기를 피워 올리는 제사를 가리킵니다. '有道'(유도)는 주나라에서 상나라를 칠 때 쓰던 관용어로, 상나라 사람과 주왕紂王을 '무도'無道라고 부른 것과 대조해 스스로 '유도'라고 지칭한 것입니다. '曾孫'(증손)은 후손과 자손을 함께 말합니다.

"옛날에 주나라 무왕이 태산에서 연기를 피워 제사를 올리며 고했다. '태산이여, 유도의 후손인 주왕에게 대사가 있었습니다. 대사는 이미 성공했고, 어진 이들이 함께 협력해 상나라와 하나라의 제사를 계승하고 사방의 종족도 안정시켰습니다. 비록 주나라 사람이 친족이라고 하나 저는 어진 사람과 더욱 가깝습니다. 경내 여러 나라에 어떤 잘못이 있더라도 이는 오직 저 혼자의 책임입니다.' 무왕이 행한 일이 우리가 지금 실천하려는 '겸애'의 사례이다."

그다음에 묵자는 이렇게 결론을 내립니다.

이에 묵자가 말했다. "지금 천하의 군자가 진실로 천하의 부를 바라고 그 가난을 싫어하며, 천하의 다스림을 바라고 그 어지러움을 싫어한다면, 마땅히 두루 서로 사랑하고 모두 서로 이롭게 해야 하니, 이것이 성왕의 법도이자 천하를 다스리는 방법이며 힘써 행하지 않으면 안 된다."

是故子墨子言曰 "今天下之君子, 忠實欲天下之富, 而惡其貧. 欲天下之治, 而惡其亂, 當兼相愛交相利, 此聖王之法, 天下之治道也, 不可不務爲也."

진정으로 천하를 부유하게 하고 가난을 없애며, 천하를 안정시키고 변란을 없애고 싶다면 응당 두루 서로 사랑하고 모두 서로 이롭게 해야 합니다.

「겸애 중」 전편을 관통하는 핵심 논리는 '윗사람이 모범을 보이면 아랫사람이 본을 받는다'는 '상행하효'上行下效로, 묵자는 영향을 미칠 수 없다거나 할 수 없다는 한계를 믿지 않았습니다. 그는 군주가 선호하고 앞장서서 제창하면 나머지 사람은 자연스럽게 이를 따라오게 돼 있다고 보았습니다. 이는 상대적으로 소박하고 단순하면서도 전파력이 강한 신념입니다.

당신이라면 누구를 따르겠는가?

묵자는 「겸애 중」에 이어 「겸애 하」에서도 반복 질문법을 통해 두루 서로 사랑하고 모두 서로 이롭게 함의 중요성을 강조합니다. 그중 많은 글귀가 이미 앞의 두 편에서 나왔으므로 여기서는 다른 논점을 골라 설명하기로 하겠습니다.

「겸애 중」 첫머리는 "천하의 이익이란 무엇이고, 천하의 해악이란 무엇인가?"라는 물음으로 시작하는데, 「겸애 하」는 "그렇다면 지금 이 시대에 천하의 해악은 무엇이 가장 큰가?"然當今之時, 天下之害孰爲大?라는 물음으로 시작합니다. 묵자는 이 문제에 대답할 때 먼저 앞에서 제기했던 각종 해악을 반복해 열거한 다음 한 걸음 더 나아가 말합니다.

"잠시 이 많은 해악이 생겨나는 근원을 헤아려 보자. 이것들은 어디서 생겨나는 것일까? 이것들은 남을 사랑하고 남을 이롭게 해 주는 데에서 생겨날까? 곧 반드시 말할 것이다. '그렇지 않다.' 반드시 말할 것이다. '남을 미워하고 해치는 데에서 생겨난다.' 천하에 남을 미워하고 남을 해치는 자들을 분별해 부른다면, 두루 어울리는 것인가, 차별을 하는 것인가? 곧 반드시 말할 것이다. '차별을 한다.' 그러므로 곧 서로 차별하는 자야말로 천하의 큰 해악을 생겨나게 하는 자다! 따라서 차별은 그릇된 것이다."

"姑嘗本原若衆害之所自生, 此胡自生? 此自愛人利人生與? 卽必曰 '非然也.' 必曰 '從惡人賊人生.' 分名乎天下惡人而賊人者, 兼與? 別與? 卽必曰, '別也.' 然卽之交別者, 果生天下之大害者與! 是故別非也."

이런 해악들이 어디서 나오는지 따져 봅시다. 이것들은 남을 사랑하고 이롭게 해 주는 데서 나오는 것이 아니라 남을 미워하고 해치는 데서 나옵니다. 남을 미워하고 해치는 것에 이름을 붙인다면 '겸애'가 어울릴까요, 아니면 '차별'이 어울릴까요? 당연히 '차별'입니다. 차별하는 마음을 가지고 있고, 자기중심적인 입장에 서 있기 때문에 남을 미워하고 해치는 것이죠. 그렇다면 서로 적대하고 차별하는 것이 천하의 큰 해악을 일으키는 원인임을 알 수 있습니다. 그래서 '차별'에 반드시 반대해야 합니다.

묵자가 말했다. "남을 그르다고 하는 사람은 반드시 그것을 대신할 만한 것이 있어야 한다. 만약 남을 그르다고 하면서 그것을 대신할 만한 것이 없다면, 비유컨대 물로써 물을 구하는 것과 같다. 그런 이론은 반드시 옳다고 할 수 없다."

子墨子曰 "非人者必有以易之, 若非人而無以易之, 譬之猶以水救火也, 其說將必無可焉."

여기 '以水救火'(이수구화)는 베껴 쓰는 과정에서 몇 글자가 누락됐습니다. 응당 '以水救水, 以火救火'(이수구수, 이화구화)가 맞습니다. 즉 '물로써 물을 구하고, 불로써 불을 구한다'는 말이죠. 남의 의견에 반대하려면 확실히 차별화되고 대체 가능한 주장을 제시해야 합니다. 그렇지 않으면 물로써 물을 구하고, 불로써 불을 구하는 것처럼 별 도움이 안 돼 성공할 수 없습니다.

그렇다면 무엇으로 대신해야 할까요? 답은 '겸애'로 '차별'을 대신하는 것입니다. 이어 다시 질문이 나옵니다. "그렇다면 겸애가 차별을 대신할 수 있는 이유는 무엇인가?" 然卽兼之可以易別之故何也? 묵자의 대답은 이렇습니다. "남을 위하는 것은 자기를 위하는 것과 같다."爲彼者由爲己也. 여기서 '由'(유)는 '~와 같다'라는 뜻의 '猶'(유)와 통합니다. 남 대하기를 자기 대하듯 하면 서로 침해할 일이 없고, 서로 침해할 일이 없으니 천하의 큰 이익이 생겨난다는 말입니다. '겸애'가 천하에 큰 이익을 낳으니 당연히 천하에 큰 해악을 일으키는 '차별'을 대신할 수 있지요.

"지금 나는 천하의 이익을 일으키는 것을 올바로 추구하고, 그것을 취하고자 겸애를 정도로 삼았다. 이로써 귀 밝고 눈 좋은 사람이 서로 보고 들을 수 있으며, 팔과 다리가 날쌔고 강한 사람이 서로 움직이고 행동하며, 도를 터득한 사람이 힘써 서로 가르쳐 준다. 늙도록 처자식이 없는 사람도 시중과 봉양을 받아 천수를 다할 곳이 있고, 부모 없이 어리고 약한 고아도 의지해 자랄 곳이 있다."

"今吾將正求興天下之利而取之. 以兼爲正, 是以聰耳明目相與視聽乎, 是以股肱畢強相爲動宰乎, 而有道肆相教誨. 是以老而無妻子者, 有所侍養以終其壽. 幼弱孤童之無父母者, 有所放依以長其身."

이어서 또 다른 문제가 나타납니다.

"지금 오로지 겸애를 정도로 삼음은 곧 그 이익과 같다. 천하의 선비가 모두 겸애를 듣고 그르다고 하는 이유를 모르겠다. 그 까닭이 무엇인가? 그리고 천하의 선비가 겸애를 그르다고 하는 말이 아직까지 그치지 않는다. 말한다. '좋기는 하다. 비록 그러하지만 어찌 쓸 수 있는가?'"

"今唯毋以兼爲正, 卽若其利也, 不識天下之士, 所以皆聞兼而非者, 其故何也? 然而天下之士非兼者之言, 猶未止也? 曰 '卽善矣, 雖然, 豈可用哉?'"

여기서 '毋'(무)는 아무 뜻 없이 나온 군글자입니다. 문제란 이것이었지요. "'겸애'를 준칙으로 삼기만 하면 큰 이익을 얻을 수 있는데 왜 대다수 사람은 '겸애'라는 말을 들으면 반대하는가? 왜 '겸애'에 반대하는 의견이 끊이지 않는가? 그들은 말한다. '이치상으로야 훌륭하고 옳은 말이지만 과연 어디에 쓸모가 있단 말인가?'"

묵자가 대답합니다. "겸애가 쓸모없는 것이라면 나라도 당연히 반대할 것이다. 그러나 훌륭한 주장이라고 하면서 어찌 쓸모가 없다고 말하는가?"用而不可, 雖我亦將非之, 且焉有善而不可用者? 이어서 그는 대조를 이루는 가상의 예를 들어 설명합니다. "잠시 대비가 되는 사례를 들어 보겠다. 두 선비가 있는데 한 선비는 '차별'을 주장하고, 다른 한 선비는 '겸애'를 주장한다."姑嘗兩而進之. 誰以爲二士, 使其一士者執別, 使其一士者執兼. "'차별'을 주장하는 사람은 이렇게 말한다. '내 어찌 친구를 나 자신처럼 여기고, 친구 가족을 내 가족처럼 여길 수 있겠는가?' 그렇기 때문에 친구가 굶주리는 것을 봐도 음식을 주지 않고, 추위에 떠는 것을 봐도 옷을 주지 않으며, 병에 걸려도 간호해 주지 않고, 죽어도 안장해 주지 않는 것이다. '차별'을 주장하는 사람은 이렇게 말하고 이렇게 행동한다."是故別士之言曰 '吾豈能爲吾友之身若爲吾身, 爲吾友之親若爲吾親?' 是故退睹其友, 飢卽不食, 寒卽不衣, 疾病不侍養, 死喪不葬埋. 別士之言若此, 行若此.

"'겸애'하는 선비의 말은 그렇지 않고 행동 또한 그렇지 않다. 말한다. '내가 듣기로 천하의 훌륭한 선비는 반드시 그 친구의 몸을 그 몸처럼 여기고, 그 친구의 가족을 그 가족처럼 여긴다. 그런 뒤에야 천하의 훌륭한 선비가 될 수 있다.' 그런 고로 물러나 그 벗을 볼 때 굶주리면 그를 먹이고, 추워하면 그를 입히며, 병에 걸리면 그를 시중 들고 보

살피며, 죽으면 장례를 치러 묻는다. '겸애'하는 선비는 이
처럼 말하고 이처럼 행동한다."

"兼士之言不然, 行亦不然. 曰 '吾聞爲高士於天下者, 必爲其
友之身若爲其身, 爲其友之親若爲其親, 然後可以爲高士於
天下.' 是故退睹其友, 飢則食之, 寒則衣之, 疾病侍養之, 死
喪葬埋之. 兼士之言若此, 行若此."

'겸애'를 주장하는 사람은 '차별'을 주장하는 사람과 반
대로 말하기 때문에 행동도 반대로 합니다.

"이처럼 두 선비의 말이 서로 다르고, 행동도 상반되는구
나! 만일 이 두 선비의 말에 반드시 믿음이 있고 행동에 결
과가 있어서 언행의 합치가 부절符節과 같고, 말하고 행하
지 않은 것이 없다고 하자. 그렇다면 감히 묻겠다. 지금 여
기에 평원과 광야가 있어서 갑옷을 입고 투구를 쓰고 전쟁
터로 나가려 하는데 생사 여부를 알 수 없다. 또 임금의 대
부가 되어 멀리 파巴, 월越, 제齊, 형荊에 사신으로 가게 되었
으니, 갔다가 올 수 있는지 없는지 알 수가 없다. 그렇다면
감히 묻겠다. 장차 해악이 닥칠지 모르는데 가실家室과 부

모를 봉양하고 처자 돌보는 일을 누구에게 맡기겠는가? 겸
애하는 자에게 맡길지, 아니면 차별하는 자에게 맡길지 모
르겠다."

"若之二士者, 言相非而行相反與! 當使若二士者, 言必信, 行
必果, 使言行之合猶合符節也, 無言而不行也. 然卽敢問, 今
有平原廣野於此, 被甲嬰冑將往戰, 死生之權未可識也. 又有
君大夫之遠使於巴越齊荊, 往來及否未可識也, 然卽敢問, 不
識將惡也家室奉承親戚提挈妻子, 而寄託之? 不識於兼之有
是乎? 於別之有是乎?"

이 두 사람이 말한 것을 반드시 실행에 옮겨 언행이 합
치한다고 가정해 봅시다. 누군가 전쟁터에 나가 생사를 점
칠 수 없거나, 아주 먼 곳에 사신으로 파견돼 과연 돌아올
수 있을지 모를 경우, 그 사람은 부모를 모시고 처자식 돌보
는 책임을 어떤 친구에게 맡길까요? '겸애'를 주장하는 친
구에게 맡길까요, 아니면 '차별'을 주장하는 친구에게 맡길
까요?

"내 생각에 자신이 이렇게 되면 천하에 어리석은 남자와

어리석은 여자도, 설사 겸애를 반대하는 사람이라도 반드시 가실과 부모와 처자를 반드시 '겸애'를 주장하는 친구에게 맡길 것이다. 이는 말로는 겸애에 반대하면서도 선택할 때는 겸애를 취하니, 곧 이는 말과 행동이 서로 어긋난 것이다. 천하의 선비가 모두 겸애를 듣고도 그것을 반대하는 것을 알 수 없다. 그 연유가 무엇인가?"

"我以爲當其於此也, 天下無愚夫愚婦, 雖非兼之人, 必寄託之於兼之有是也. 此言而非兼, 擇卽取兼, 卽此言行費也. 不識天下之士, 所以皆聞兼而非之者, 其故何也?"

사람들이 정말로 반대하는 것일까요? 일반적인 행동으로 봤을 때, 사람들은 분명 겸애에 찬성하고 있습니다!

다시 질문이 이어집니다.

"그러나 '겸애'를 반대하는 사람들은 여기서 그치지 않고 또 말한다. '겸애의 원칙은 우리가 일반인을 선택할 때는 쓸모 있지만 임금을 선택할 때는 쓸모가 없지 않은가?'"然而天下之士非兼者之言, 猶未止也, 曰 '意可擇士, 而不可以擇君乎?'

"잠시 시험 삼아 두 사람이 벼슬을 하여 나아갔고 두 임금이 있는데 만약 그 한 임금은 겸애를 주장하고, 만약 그 한 임금은 차별을 주장한다고 해 보자."

"姑嘗兩而進之, 誰以爲二君, 使其一君者執兼, 使其一君者執別."

묵자는 똑같은 방식으로 이 질문에 대답합니다. 만약 두 명의 임금 중 하나는 '겸애'를 주장하고, 하나는 '차별'을 주장한다면 어떤 일이 발생할까요?

"이런 고로 차별을 주장하는 군주는 이렇게 말한다. '내 어찌 내 백성 위하기를 내 몸 위하듯 할 수 있겠는가? 이는 결코 천하의 정리情理가 아니다. 사람이 땅 위에서 사는 세월은 얼마 되지 않는다. 비유하면 말 네 마리가 끄는 수레가 좁은 틈을 지나가는 것과 같다.' 이렇기 때문에 물러나 그 백성을 볼 때, 굶주려도 먹이지 않고, 추워해도 입히지 않으며, 병에 걸려도 시중 들고 보살피지 않고, 죽어도 장례를 치러 묻어 주지 않는다. 차별을 주장하는 군주의 말은 이와 같고 행동은 이와 같다."

"是故別君之言曰 '吾惡能爲吾萬民之身, 若爲吾身? 此泰非
天下之情也. 人之生乎地上之無幾何也, 譬之猶馳馳而過隙
也.' 是故退睹其萬民, 飢卽不食, 寒卽不衣, 疾病不侍養, 死
喪不葬埋. 別君之言若此, 行若此."

'차별'을 주장하는 군주의 말은 '차별'을 주장하는 사
람들의 말과 똑같습니다. 다만 이런 말이 추가됐을 뿐입니
다. "사람이 세상에서 사는 시간이 얼마 되지 않아, 마치 **빠**
른 말이 틈새를 지나는 것처럼 짧다. 이런데도 백성을 나 자
신처럼 여기라는 것은 실로 일반적인 인정에 맞지 않는다."
그래서 그는 이기적이고 차별하는 방식으로 자신의 백성을
대하는 것입니다.

뒤이어 나오는 '겸애'를 주장하는 군주의 말과 행동은
앞에서 언급한 '겸애'를 주장하는 사람과 완전히 똑같으니
여기서는 반복하지 않겠습니다.

"그렇다면 즉 감히 묻겠다. 올해 전염병이 돌아 백성이 대
단히 일하고 고생했음에도 헐벗고 굶주려 개천이나 도랑
에 굴러 죽는 사람이 이미 많아졌다. 두 임금 중에 선택하
라고 할 때 장차 어느 쪽을 따를지 모르겠다. 내 생각에 자

신이 이렇게 되면 천하에 어리석은 남자와 여자도, 설사 겸
애를 반대하는 사람이라도 반드시 겸애를 주장하는 군주
를 따를 것이다. 말로는 겸애를 비난하면서도 선택할 때
는 곧 겸애를 취하니, 이는 말과 행동이 어긋난다. 천하에
서 겸애를 듣고 반대하는 이유를 모르겠다. 그 까닭은 무엇
인가?"

"然即敢問, 今歲有癘疫, 萬民多有勤苦凍餒轉死溝壑中者,
旣已衆矣. 不識將擇之二君者, 將何從也? 我以爲當其於此
也, 天下無愚夫愚婦, 雖非兼者, 必從兼君是也. 言而非兼, 擇
卽取兼, 此言行拂也, 不識天下所以皆聞兼而非之者, 其故何
也."

사람들이 정말 반대하는 것일까요? 일반적인 행동으로
봤을 때 사람들은 분명 겸애에 찬성하고 있습니다.

요순우탕이 모두 증인이다

질문은 이어집니다.

"그러나 천하의 선비가 겸애를 반대하는 말이 아직까지 그치지 않고 있다. 말한다. '겸애는 곧 인이고 의이다. 비록 그러하나 어찌 행할 수 있겠는가? 내 비유컨대 겸애를 행할 수 없음은 태산을 들어 올려 장강과 황하를 건너는 것과 같다. 그러므로 겸애는 단지 바람일 뿐, 어찌 실행할 수 있는 것이겠는가?'"

"然而天下之士非兼者之言也, 猶未止也, 曰 '兼卽仁矣, 義矣. 雖然, 豈可爲哉? 吾譬兼之不可爲也, 猶挈泰山以超江河也. 故兼者直願之也, 夫豈可爲之物哉?'"

이는 앞에서 거론했던 문제입니다. '겸애'가 인의에 부합하나 지나치게 이상적이어서, 마치 태산을 둘러메고 장강과 황하를 건너는 것처럼 진지하게 실천하기에는 어렵다는 것이지요.

이에 묵자는 다시 역사의 예를 들어 대답합니다. 태산을 둘러메고 장강과 황하를 건넌 사람은 예로부터 한 명도 없었지만 '겸애'는 고대의 '옛 여섯 성왕'先聖六王이 몸소 실행에 옮겼다고 말입니다.

어떻게 옛 여섯 성왕이 친히 그것을 행했음을 알 수 있는 가? 묵자가 말했다. "나는 그들과 더불어 같은 시절을 살면서 직접 그 목소리를 듣거나 그 얼굴을 본 것은 아니다. 죽백竹帛에 쓰거나 금석金石에 새기거나 쟁반과 사발에 꾸며 후세 자손에게 남기고 전한 것을 통해 그것을 아는 것이다."

何知先聖六王之親行之也? 子墨子曰 "吾非與之並世同時, 親聞其聲見其色也. 以其所書於竹帛, 鏤於金石, 琢於槃盂, 傳遺後世子孫者知之."

묵자는 먼저 『상서』「태서」泰誓의 "문왕은 해와 달처럼 사방과 서쪽 땅을 밝게 비추었다."文王若日若月, 乍照光於四方於西土.라는 문장으로, 문왕이 해와 달처럼 비추었으므로 사사로움이 없으며, '겸애'를 행했다고 설명합니다. 그리고 이어서

「우서」禹誓를 인용합니다.

"우임금이 말했다. '뭇 백성들이여, 모두 나의 말을 들어라. 나 같은 소자小子가 감히 난을 일으키려는 것은 아니다. 불손한 유묘有苗에게 하늘의 벌을 주려는 것이다. 이에 나는 그대들 여러 제후를 거느리고서 유묘를 정벌하고자 한다.' 우임금이 유묘를 정벌한 것은 많은 부귀를 무겁게 여기고 복록福祿을 구하며 귀와 눈을 즐겁게 함을 구한 것이 아니다. 천하의 이익을 일으키고 천하의 해악을 제거하고자 한 것이다. 곧 이것이 우임금의 겸애이다."

"禹曰 '濟濟有衆, 咸聽朕言, 非惟小子, 敢行稱亂, 蠢茲有苗, 用天之罰, 若予旣率爾群對諸群, 以征有苗.' 禹之征有苗也, 非以求以重富貴, 干福祿, 樂耳目也, 以求興天下之利, 除天下之害. 卽此禹兼也.'"

다음은 「탕설」湯說입니다(현재 전해지는 『상서』에는 「탕설」이 없습니다). 여기서 '이'履는 탕왕의 이름입니다.

"탕湯임금이 말했다. '소자 이履가 감히 검은 수소를 제물

로 바쳐 하늘에 고합니다. 지금 하늘이 큰 가뭄을 내리시
니, 곧 저 이의 책임입니다. 하늘과 땅에 지은 죄를 알지 못
합니다. 선한 것이 있으면 감히 덮지 않고, 죄가 있으면 감
히 용서하지 않음은 상제의 마음에 분명할 것입니다. 온 천
하에 죄가 있다면 곧 저의 책임입니다. 저에게 죄가 있더라
도 온 천하에는 미치지 않게 해 주십시오.' 곧 이는 탕임금
이 천자라는 귀한 몸으로 천하를 소유했지만 자신을 희생
하는 것을 꺼리지 않고 상제와 귀신에게 제사를 올려 기쁘
게 했음을 이른다. 곧 이것이 탕임금의 겸애이다."

"湯曰 '惟予小子履, 敢用玄牡, 告於上天后曰 今天大旱, 卽
當朕身履, 未知得罪於上下. 有善不敢蔽, 有罪不敢赦, 簡在
帝心. 萬方有罪, 卽當朕身, 朕身有罪, 無及萬方.' 卽此言湯
貴爲天子, 富有天下, 然且不憚以身爲犧牲, 以祠說於上帝鬼
神. 卽此湯兼也."

다음은 「주시」周詩입니다(여기서 인용한 내용은 현
재 전하는 『상서』「홍범」洪範과 『시경』「대동」大東에 보입
니다).

"「주시」에서 말했다. '왕도는 넓고 넓어, 치우치거나 기울지 않는다네. 왕도는 평평해, 기울거나 치우치지 않는다네. 곧기는 화살과 같고, 평평하기는 숫돌과 같지. 군자가 이행해야 할 바요, 소인들이 본받아야 할 바라오.' 이 말은 내 도리를 이르는 것이 아니다. 옛날 문왕과 무왕은 정사를 펼 때, 공평하게 현인에게 상을 주고 포악한 자에게 벌을 내렸으며, 친척과 형제에게 사사로움이 없었으니, 곧 이것이 문왕과 무왕의 겸애이다."

"周詩曰 '王道蕩蕩, 不偏不黨. 王道平平, 不黨不偏. 其直若矢, 其易若厎. 君子之所履, 小人之所視.' 若吾言非語道之謂也, 古者文武爲正, 均分賞賢罰暴, 勿有親戚弟兄之所阿. 卽此文武兼也."

그런 다음 다시 질문이 이어집니다.

그러나 천하에 겸애를 비난하는 자의 말이 아직도 그치지 않는다. 말한다. "생각건대 부모의 이익에 맞추지 않고 해가 되어도 효라고 할 수 있는가?"

然而天下之非兼者之言猶未止, 曰, "意不忠親之利, 而害爲孝乎?"

묵자가 대답합니다.

"잠시 시험 삼아 효자가 부모를 헤아리는 근원을 따져 보자. 나는 효자가 부모를 헤아리면서, 남이 그 부모를 사랑하고 이롭게 해 주길 바라는지, 남이 그 부모를 미워하고 해치길 바라는지 잘 모르겠다. 논리적으로 살펴본다면 남이 그 부모를 사랑하고 이롭게 해 주길 바랄 것이다.

그렇다면 내가 어디서부터 먼저 일을 시작해야 이를 얻을 수 있겠는가? 만약 내가 먼저 남의 부모를 사랑하고 이롭게 해 주면, 연후에 남이 나에게 내 부모를 사랑하고 이롭게 해 주는 것으로 보답할까? 생각건대 내가 먼저 남의 부모를 미워하는 일을 하면, 연후에 남이 나에게 내 부모를 사랑하고 이롭게 해 주는 것으로 보답할까? 반드시 내가 먼저 남의 부모를 사랑하고 이롭게 해 주어야, 연후에 남이 나에게 내 부모를 사랑하고 이롭게 해 주는 것으로 보답할 것이다.

그렇다면 두루 효도하는 자란 과연 부득이해서 먼저 남의 부모를 사랑하고 이롭게 하는 것일까, 아니면 천하의 효자는 우연히 된 것이어서 바르다고 하기에 부족한 것일까? 잠시 시험 삼아 근원을 따져 보면, 선왕이 쓰신 「대아」大雅에서는 이렇게 말했다. '말에는 응답이 없는 것이 없고, 덕에는 갚지 않는 것이란 없다네. 내게 복숭아를 던져 주면 자두로 갚아 주지.' 이는 곧 남을 사랑하는 자는 반드시 사랑을 받고, 남을 미워하는 자는 반드시 미움을 받음을 이른다."

"姑嘗本原之孝子之爲親度者. 吾不識孝子之爲親度者, 亦欲人愛利其親與? 意欲人之惡賊其親與? 以說觀之, 卽欲人之愛利其親也. 然卽吾惡先從事卽得此? 若我先從事乎愛利人之親, 然後人報我愛利吾親乎? 意我先從事乎惡人之親, 然後人報我以愛利吾親乎? 卽必吾先從事乎愛利人之親, 然後人報我以愛利吾親也. 然卽之交孝子者, 果不得已乎, 毋先從事愛利人之親者與? 意以天下之孝子爲遇而不足以爲正乎? 姑嘗本原之先王之所書「大雅」之所道曰 '無言而不讎, 無德而不報, 投我以桃, 報之以李.' 卽此言愛人者必見愛也, 而惡人者必見惡也."

이어서 묵자는 '겸애'의 실천을 너무 어려워하지 말라고 충고합니다. 그리고 「겸애 중」에서 초나라 영왕이 가는 허리를 좋아하고, 월나라 왕 구천이 용맹을 좋아하고, 진나라 문공이 누추한 옷을 좋아한 예를 다시 한 번 설명합니다.

"천하의 지극히 어려운 일을 행한 연후에 임금을 기쁘게 하여 세상을 바꾸지 않고도 백성을 바꿀 수 있었던"天下之至難爲也, 然後爲而上說之, 未踰於世而民可移也. 이유는 "윗사람이 지향하는 바를 추구했기"求以鄕其上也. 때문입니다. 즉 군주의 비위를 맞추기 위해서라면, 아무리 어려운 일이라도 한 세대 안에서 변화의 결실을 맺을 수 있다는 말입니다.

> "지금 두루 서로 사랑하고 모두 서로를 이롭게 하는 것은 이로움이 있음과 행하기 쉬움이 이루 다 헤아릴 수 없다. 내 생각에 다만 임금이 이를 기뻐하는 자가 없을 뿐이다. 실로 군주가 이를 기뻐해 상으로 권장하고 형벌로 위엄을 보인다면, 짐작건대 사람들이 두루 서로 사랑하고 모두 서로를 이롭게 하는 것은 마치 불이 위로 타오르고 물이 아래로 흐르는 것처럼 천하에 막을 방법이 없을 것이다."

> "今若夫兼相愛交相利, 此其有利且易爲也, 不可勝計也. 我

以爲則無有上說之者而已矣. 苟有上說之者, 勸之以賞譽, 威之以刑罰, 我以爲人之於就兼相愛交相利也, 譬之猶火之就上, 水之就下也, 不可防止於天下."

마지막으로 묵자는 이렇게 끝맺습니다.

"겸애는 성왕의 도이자 왕공과 대인이 안정을 유지하는 근거이고, 백성의 의식을 족하게 해 주는 근원이다. 그리하여 군자는 반드시 겸애를 살피고 힘써 실행에 옮긴다. 군주는 반드시 은혜롭고 신하는 반드시 충성스러우며, 부모는 반드시 자애롭고 자식은 반드시 효성스러우며, 형은 반드시 우애 있고 아우는 반드시 공손해야 한다. 그러므로 군자는 당연히 은혜로운 군주, 충성스러운 신하, 자애로운 부모, 효성스러운 자식, 우애 있는 형, 공손한 아우가 되고자 한다. 두루 서로 사랑한다면 실천하지 못할 일이 없다. 이것이 성왕의 도이자 백성의 큰 이로움이다."

"故兼者聖王之道也, 王公大人之所以安也, 萬民衣食之所以足也. 故君子莫若審兼而務行之, 爲人君必惠, 爲人臣必忠, 爲人父必慈, 爲人子必孝, 爲人兄必友, 爲人弟必悌. 故君子

莫若欲爲惠君忠臣慈父孝子友兄悌弟, 當若兼之, 不可不行
也, 此聖王之道, 而萬民之大利也."

군자가 '겸애'에 대해 깊이 생각하고 성실하게 실천한
다면, 각각 맡은 역할을 충실히 해내 최대한의 이익을 가져
올 수 있습니다.

주나라 문화에 도전하다

3

의와 불의를 분별하지 못하다

묵자의 사상 가운데 핵심이 되는 것으로 '겸애'와 함께 '비공'非攻을 꼽을 수 있습니다.

「비공 상」에 이런 말이 나옵니다.

지금 한 사람이 남의 과수원에 들어가 복숭아와 자두를 훔친다면 사람들이 이를 듣고 그를 비난하고, 위에서 정치하는 자들은 그를 잡아 벌줄 것이다. 이는 무슨 까닭인가? 남을 해치면서 자신을 이롭게 했기 때문이다. 남의 개나 닭, 돼지를 훔친 자에 이르러서는 그 불의가 남의 과수원에 들어가 복숭아와 자두를 훔친 것보다 더욱 심하다. 이는 무슨 까닭인가? 남을 해침이 더욱 많기 때문이다. 그 어질지 못함이 더욱 심해져, 죄도 더욱 많아진다. 남의 마구간에 들어가 남의 말과 소를 훔친 자에 이르러서는 그 어질지 못함과 불의가 남의 개나 닭, 돼지를 훔친 것보다 더욱 심하다. 이는 무슨 까닭인가? 남을 해치는 것이 더욱 많기 때문이다. 실로 남을 해치는 것이 더욱 많을수록 그 어질지 못함이 더욱 심해지고, 죄도 더욱 많아진다. 죄 없는 사람을 죽이고서 그의 옷을 빼앗고 창과 칼을 취하는 자에 이르러서는 그 어질지 못함과 불의가 남의 마구간에 들어가 남의 말과 소를 훔친 것보다 더욱 심하다. 이는 무슨 까닭인가? 남을 해치는 것이 더욱 많기 때문이다. 실로 남을 해치는 것이 더욱 많을수록 어질지 못함이 더욱 심해지고, 죄도 더욱 많아진다. 이에 대해 천하의 군자가 모두 알고 비난하며 '불의'라고 말한다.

今有一人, 入人園圃, 竊其桃李, 衆聞則非之, 上爲政者得則罰之. 此何也? 以虧人自利也. 至攘人犬豕雞豚者, 其不義又甚入人園圃竊桃李. 是何故也? 以虧人愈多, 其不仁茲甚, 罪益厚. 至入人欄廐, 取人馬牛者, 其不仁義又甚攘人犬豕雞豚.

此何故也? 以其虧人愈多. 苟虧人愈多, 其不仁茲甚, 罪益厚. 至殺不辜人也, 扡其衣裘, 取戈劍者, 其不義又甚入人欄廐取人馬牛. 此何故也? 以其虧人愈多. 苟虧人愈多, 其不仁茲甚矣, 罪益厚. 當此, 天下之君子皆知而非之, 謂之不義.

묵자는 같은 문형文型을 반복하며 점점 더 정도가 심해지는 예를 듭니다. 소와 말을 훔치는 것이 개나 닭, 돼지를 훔치는 것보다 심하고, 사람을 죽이고서 의복과 무기를 빼앗는 것이 소와 말을 훔치는 것보다 심하다고 말합니다. 그리고 다들 이런 이치를 알기에 이 행위를 '불의'라고 비판합니다.

이어서 화제가 전환되어, 이 논리에 따라 이상하고 이해할 수 없는 현상이 일어나고 있다고 합니다.

지금 크게 남의 나라를 공격하는 데 이르러서는 비난할 줄 모르고 오히려 칭송하며 '의'라고 말한다. 이것이 의와 불의를 분별할 줄 아는 것이라고 이를 수 있겠는가?

今至大爲攻國, 則弗知非, 從而譽之, 謂之義. 此可謂知義與不義之別乎?

자신의 이익을 위해 남에게 해를 입히는 행위 가운데 가장 심각한 것은 다른 나라를 공격하는 것입니다. 그런데도 사람들은 이 행위를 비난하기는커녕 오히려 칭송하며 올바르고 합당한 행위라고 여깁니다. 이를 두고 어찌 '의'와 '불의'를 분별할 줄 안다고 할 수 있겠습니까?

　　한 사람을 죽이면 불의라 이르고 반드시 한 사람 죽인 죄를 묻는다. 만일 이렇게 말해 나간다면, 열 사람을 죽일 경우 불의가 열 배가 돼 반드시 열 사람 죽인 죄를 받아야 하고, 백 사람을 죽일 경우 불의가 백 배가 돼 반드시 백 사람 죽인 죄를 받아야 한다. 이에 대해 천하의 군자가 모두 알고서 비난하며 '불의'라고 말한다. 지금 크게 남의 나라를 공격하는 불의에 이르러서는 비난할 줄 모르고 오히려 칭송하며 '의'라고 말한다. 실로 그 불의를 알지 못하는 것이다. 그래서 이런 말을 적어서 후세에 남긴 것이다. 만약 그 불의를 알았다면 어찌 불의를 적어서 후세에 남겼겠는가?

　　殺一人, 謂之不義, 必有一死罪矣. 若以此說往, 殺十人十重不義, 必有十死罪矣. 殺百人百重不義, 必有百死罪矣. 當此,天下之君子皆知而非之, 謂之不義. 今至大爲不義攻國, 則弗知非, 從而譽之, 謂之義. 情不知其不義也, 故書其言以遺後世. 若知其不義也, 夫奚說書其不義以遺後世哉?

묵자가 말한 '비공'은 전쟁을 저지하는 것에 그치지 않고, 명백히 전쟁에 반대하고 엄준하게 전쟁을 비난합니다. 묵자는 많은 사람이 다른 나라를 공격하는 전쟁에 대해 두 가지 잣대를 들이댄다는 것에 주목하고, 일반적인 살인 행위는 엄중하게 죄를 물으면서도 시체가 산더미처럼 쌓이는 전쟁은 오히려 지지하고 찬성하는 태도를 꼬집었습니다.

지금 여기에 사람이 있는데, 약간 검은 것을 보고 검다고 말하다가 많이 검은 것을 보고 희다고 말한다면, 틀림없이 이 사람이 흑백을 구별할 줄 모른다고 할 것이다. 조금 쓴 것을 맛보고서 쓰다고 말하다가 많이 쓴 것을 맛보고는 달다고 말한다면 틀림없이 이 사람이 단 것과 쓴 것을 구별할 줄 모른다고 할 것이다. 지금 작은 잘못을 저지르면 이를 알고 그것을 비난하다가, 남의 나라를 공격하는 큰 잘못을 저지르면 비난할 줄 모르고 오히려 칭송하며 '의'라고 말한다. 이것이 의와 불의를 분별할 줄 안다고 이를 수 있겠는가? 이로써 천하의 군자가 '의'와 '불의'를 분별하는 데 혼란스러워함을 알 수 있다.

今有人於此, 少見黑曰黑, 多見黑曰白, 則必以此人不知白黑之辯矣. 少嘗苦曰苦, 多嘗苦曰甘, 則必以此人爲不知甘苦之辯矣. 今小爲非, 則知而非之. 大爲非攻國, 則不知非, 從而譽之, 謂之義, 此可謂知義與不義之辯乎? 是以知天下之君子也, 辯義與不義之亂也.

여기에 한 사람이 있다고 가정합시다. 약간 검은 것을 보고서 검다고 말하다가 눈앞에 온통 검은 것이 나타났을 때는 오히려 희다고 말합니다. 그렇다면 우리는 이 사람이 흑백을 전혀 구별할 줄 모른다고 여길 겁니다. 또 한 사람이 있습니다. 조금 쓴 커피를 주니까 한 모금 마시고는 쓰다고 말합니다. 그런데 쓰디쓴 소태를 맛보고는 오히려 달다고 말합니다. 그렇다면 우리는 이 사람이 단맛과 쓴맛을 구별할 줄 모른다고 여길 겁니다. 마찬가지로 자그마한 잘못을 저지르면 반대하고 비난하면서도 남의 나라를 공격하는 큰 잘못에 대해서는 오히려 반대하고 비난할 줄 모릅니다. 그렇다면 어떻게 '의'와 '불의'를 분별할 줄 안다고 말할 수 있겠습니까? 그래서 사람들에게 '의'와 '불의'를 판단하는 방법에 대해 아무리 말해도 통하지 않는 것입니다.

묵자식 변론술

묵자의 핵심 사상에는 이 밖에도 '상현'尙賢, '상동'尙同, '절용'節用, '절장'節葬, '비악'非樂, '비명'非命, '천지'天志, '명귀' 明鬼 등이 있습니다. 당시의 현실을 반영한 이 주장들을 통해 묵자는 낡은 봉건 귀족 문화에 의문을 제기하고 수정을 가했습니다.

그의 '비악' 사상은 「삼변」三辯에 정리돼 있습니다. 이 부분은 정번의 질문에서 시작됩니다.

정번程繁이 묵자에게 물었다. "선생은 '성왕聖王은 음악을 즐기지 않았다'라고 말했습니다. 옛날에 제후는 정무를 보다가 지치면 종鐘과 고鼓의 음악을 들으며 쉬었고, 사대부는 정무를 보다가 지치면 피리와 비파의 음악을 들으며 쉬었습니다. 농부도 봄에 밭 갈고 여름에 김매고 가을에 거뒤들이고 겨울에 저장하고서, 영聆과 부缶의 음악을 들으며 쉬었습니다. 지금 선생은 '성왕은 음악을 즐기지 않았다'라고 말합니다. 이는 비유하자면 말을 수레에 매어 놓은 채 풀어 주지 않거나 활을 당기기만 한 채 놓지 않는 것과 같습니다. 혈기를 지닌 자로서는 할 수 없는 일 아니겠습니까?" 묵자가 말했다. "옛날에 요임금과 순임금은 띠로 지붕을 이었으면서도 예를 행하고 음악을 즐겼다. 탕임금은 걸왕桀王을 대수大水로 내쫓고 천하를 통일하여 스스로 천자에 올랐다. 일을 이루고 공을 세워 큰 후환이 없어지자 선왕의 음악을 따르고 또 스스로 음악을 만들어 「호」護라 부르고, 「구초」九招도 손질했다."

程繁問於子墨子曰 "夫子曰 '聖王不爲樂', 昔諸侯倦於聽治, 息於鐘鼓之樂. 士大夫倦於聽治, 息於竽瑟之樂. 農夫春耕, 夏耘秋斂冬藏, 息於聆缶之樂. 今夫子曰 '聖王不爲樂', 此譬之猶馬駕而不稅, 弓張而不弛, 無乃非有血氣者之所能至邪?" 子墨子曰 "昔者堯舜有茅茨者, 且以爲禮, 且以爲樂. 湯放桀於大水, 環天下自立以爲王, 事成功立, 無大後患, 因先王之樂, 又自作樂, 命曰「護」, 又修「九招」."

묵자의 대답에는 음악 발전사가 간략하게 요약돼 있습니다. "옛날에 요임금과 순임금은 허름한 초가집에서 살았다. 이런 조건에서도 예와 음악이 있었다." 당시의 예악에 호화롭고 번거로운 요소를 더하기 불가능했기 때문에 요임금과 순임금은 정식으로 음악을 만들기보다 초가집에 살면서 있는 그대로 즐겼다는 의미입니다. "이후 탕임금이 하나라 걸왕을 정벌해 그를 대수로 추방하고 천하를 손에 넣어 스스로 천자에 올랐다. 공을 이룬 뒤 큰 재난이 사라지자 선왕의 음악을 좇아 이를 더욱 발전시켜 자신의 음악을 만들고 「호」라 불렀다. 또한 하나라에서 전래된 음악 「구초」를 정리하고 다듬었다."

"무왕은 은殷나라를 이기고 주왕을 죽여 천하를 통일해 스스로 천자에 올랐다. 일을 이루고 공을 세워 큰 후환이 없어지자 선왕의 음악을 따르고, 또 스스로 음악을 만들어 「상」象이라 일컬었다. 주나라 성왕成王은 선왕의 음악에 따르고, 또 스스로 음악을 만들어 「추우」騶虞라고 불렀다. 주나라 성왕이 천하를 다스린 것은 무왕만 못했다. 무왕이 천하를 다스린 것은 탕임금만 못했다. 탕임금이 천하를 다스린 것은 요임금과 순임금만 못했다. 따라서 그 음악이 번거로워질수록 다스림은 미약해졌다. 이로써 보건대, 음악은 천하를 다스리는 바탕이 아니다."

"武王勝殷殺紂, 環天下自立以爲王, 事成功立, 無大後患, 因先王之樂, 又自作樂, 命曰「象」. 周成王因先王之樂, 又自作樂, 命曰「騶虞」. 周成王之治天下也, 不若武王. 武王之治天下也, 不若成湯. 成湯之治天下也, 不若堯舜. 故其樂逾繁者, 其治逾寡. 自此觀之, 樂非所以治天下也."

주나라 무왕은 은나라를 물리치고 주왕을 죽인 뒤 음악을 만들어 「상」이라 칭했습니다. 이어 무왕의 후손인 성왕도 음악을 지어 「추우」라고 불렀습니다. 여기서 핵심은 이런 음악 발전사를 보는 안목입니다. 정치의 성과와 음악의 발전이 반비례로 움직입니다. 음악에서는 성왕이 가장 화려했지만 정치로는 맨 뒷자리에 있고, 요임금과 순임금은 음악으로 가장 보잘것없었지만 정치 업적은 가장 뛰어났습니다. 따라서 "음악은 천하를 다스리는 바탕이 아닙니다." 사실상 묵자는 음악이란 '천하를 다스리는' 데 아무 도움이 되지 않을뿐더러 '천하가 다스려지지 않는' 상징이라고 역설한 것입니다.

하지만 이런 대답은 정번의 두 가지 주요 질문에 아무런 답도 되지 않았습니다. 첫째, 왜 '선왕에게 음악이 없다'라고 하는가? 둘째, 만약 음악이 없다면 사람은 어떻게 쉰단 말인가? 항상 팽팽한 긴장 상태를 유지하며 쉬지 않아도 된다는 얘기인가? 그래서 정번이 불만 섞인 목소리로 다시 묻습니다. 정번이 말했다. "선생은 '성왕에게 음악이 없다'라고 말하지만 이것들 역시 음악입니다. 어찌하여 '성왕에게 음악이 없다'라고 말씀하십니까?"程繁日 "子曰 '聖王無樂', 此亦樂已, 若之何其謂'聖王無樂'也?"

묵자가 말했다. "성왕聖王은 명을 내릴 때 많은 것을 덜도록 했다. 음식의 이로움에서 굶주림을 알고 먹도록 해야 지혜로워질 수 있다. 줄였기 때문에 지혜로워진 것이다. 지금 성왕에게 음악이 있지만 아주 적어서 없는 것과 같다."

子墨子曰 "聖王之命也, 多寡之. 食之利也, 以知饑而食之者智也, 因爲無, 智矣. 今聖有樂而少, 此亦無也."

묵자가 대답합니다.
"성왕聖王은 늘 많은 것을 덜도록 했다. 굶주리고서 음식을 먹어야 진정으로 음식의 이로운 점을 알 수 있다. 성왕의 지혜는 늘리거나 창조하는 데 있지 않고 줄이거나 없애는 데 있다. 성왕 때에도 음악이 있었지만 성왕이 음악을 줄이려 했기 때문에 '음악이 없다'고 하는 것이다."

이 편명이 왜 '삼변'인지는 불분명합니다. 현재 보이는 전문에는 이 두 가지 문답밖에 없으니까요. 하지만 '변'을 제목으로 쓴 것은 매우 적절해 보입니다. 문답 중에 다른 편에서 보기 쉽지 않은 '묵자식 변론술'이 드러나 있기 때문입니다. 초점을 전환하거나 동문서답하는 기교, 기존의 정의를 뒤집는 방식('無'(무)를 글자 그대로 '없다'는 뜻이 아니라 '(스스로) 줄이다'라고 해석한 것)은 전국 시대 '변론 열풍'의 시초, 나아가 묵가가 '변론'을 어떻게 실천했는지 똑똑히 보여 줍니다.

쓸모없는 것을 없애야 쓸모 있는 것이 많아진다

묵자는 예악을, 특히 음악을 불필요한 낭비라고 여겼습니다. 이런 입장은 「비악」과 「절용」에 잘 드러나 있습니다.

「절용 상」을 보겠습니다.

성인이 한 나라에서 정사를 펴면 한 나라를 배로 늘릴 수 있다. 이를 더 크게 하여 천하에 정사를 펴면 천하를 배로 늘릴 수 있다. 그 배로 늘리는 것은 밖으로 땅을 빼앗는 것이 아니라 그 나라에서 쓸데없는 비용을 없앰으로써 넉넉히 배로 늘린다. 성왕이 정사를 펼 때 명령을 발표해 사업을 일으키고, 백성을 부려 재물을 사용한다. 실용을 더해 행하지 않은 적이 없으므로 재물 사용에 낭비가 없고, 백성이 수고롭지 않으며, 이익을 일으킴이 많다. 옷과 갖옷을 만드는 것은 무엇 때문인가? 그것으로써 겨울에 추위를 막고 여름에 더위를 막고자 함이다. 무릇 옷을 만드는 이치는 겨울에 따뜻함을 더하고 여름에 서늘함을 더하면 그만일 뿐, 그 이상은 더하지 않고 제거해야 한다. 집을 짓는 것은 무엇 때문인가? 그것으로써 겨울에 바람과 추위를 막고 여름에 더위와 비를 피하며 도적이 들 때를 대비해 견고하기만 하면 그만일 뿐, 그 이상은 더하지 않고 제거해야 한다. 갑옷과 방패, 다섯 가지 병기를 만드는 것은 무엇 때문인가? 그것으로써 전란과 도적을 막고자 함이다. 만약 외적이나 도적떼가 나타난다면 갑옷과 방패, 다섯 가지 병기를 가진 자는 이기고, 갖지 않은 자는 진다. 이런 까닭에 성인은 갑옷과 방패, 다섯 병기를 만들었다. 무릇 갑옷과 방패, 다섯 병기는 가벼워 편리하고, 튼튼하고 쉽게 부러지지 않으면 그만일 뿐, 그 이상은 더하지 않고 제거해야 한다. 배와 수레를 만드는 것은 무엇 때문인가? 수레로는 언덕과 평지를 다니고 배로는 하천과 계곡을 다녀 사방으로 통하는 이로움을 꾀하는 것이다. 배와 수레를 만드는 이치는 가볍고 편리하면 그만일 뿐, 그 이상은 더하지 않고 제거해야 한다. 무릇 이런 물건을 만들 때 쓸모를 고려해 만들지 않은 것이 없어야 재물 사용에 낭비가 없고, 백성이 수고롭지 않으며, 이익을 일으킴이 아주 많다.

聖人爲政一國, 一國可倍也. 大之爲政天下, 天下可倍也. 其倍之, 非外取地也, 因其國家去其無用之費, 足以倍之. 聖王爲政, 其發令興事, 使民用財也. 無不加用而爲者, 是故用財不費, 民德不勞, 其興利多矣. 其爲衣裘何? 以爲冬以圉寒, 夏以圉暑. 凡爲衣裳之道, 冬加溫夏加凊者芊䋲, 不加者去之. 其爲宮室何? 以爲冬以圉風寒, 夏以圉暑雨, 有盜賊加固者芊䋲, 不加者去之. 其爲甲盾五兵何? 以爲以圉寇亂盜賊. 若有

寇亂盜賊, 有甲盾五兵者勝, 無者不勝. 是故聖人作爲甲盾五
兵. 凡爲甲盾五兵加輕以利, 堅而難折者芊䅿, 不加者去之.
其爲舟車何? 以爲車以行陵陸, 舟以行川谷, 以通四方之利.
凡爲舟車之道, 加輕以利者芊䅿, 不加者去之. 凡其爲此物也,
無不加用而爲者, 是故用財不費, 民德不勞, 其興利多矣.

이 단락 역시 똑같은 논리로 의복, 주거, 무기, 교통수
단을 반복해서 예로 들고 있습니다. "芊䅿"(천저) 두 글자는
뜻이 명확하지 않습니다. 그러나 위아래 문장으로 판단해
보건대, '則取'(즉취)라고 읽을 수 있습니다. 의복, 주거, 무
기, 교통수단을 막론하고 먼저 이들의 기능이 무엇인지 명
확하게 밝힌 다음 전적으로 기능 증가에 도움이 되고 유익
한 것만 골라서 사용하고, 도움이 되지 않는 것은 제거해 버
리는 것입니다.

의복의 기능은 겨울에 추위를 막고 여름에 더위를 막는
것입니다. 주거의 기능은 겨울에 찬바람과 추위를 피하고
여름에 더위와 비를 피하며 도둑을 방지하는 것입니다. 무
기의 기능은 외적과 도적을 저지하고 물리치는 것이며, 교
통수단의 기능은 각기 다른 지형에서 사람과 화물을 실어
나르는 것입니다. 이런 기본 기능으로 보자면 이것들을 어

떻게 제작해야 하는지 명확하게 판단이 섭니다.

앞의 인용문에는 "加輕以利"(가경이리)가 두 번 나옵니다. '加輕'(가경)은 사실 덜라는 뜻입니다. 묵자는 기능과 무관한 장식을 제거하고 모든 것을 기능, 즉 '쓸모'用에 초점을 맞춰야 한다고 강조합니다. 따라서 '절용'節用을 '재물을 절약하라'는 뜻으로 해석해서는 안 됩니다. 묵자의 진의는 '용'用에 드러나 있고 모든 것은 '용'으로 귀결되기에, '쓸모없는 것'無用을 덜어서 '쓸모 있는 것'用을 배로 늘린다는 뜻으로 '절약하다'節가 되는 것입니다.

대인이 구슬과 옥, 새와 짐승, 개와 말 등 즐겨 모으는 것을 버리고 의복과 집, 갑옷과 방패 및 다섯 가지 병기, 배와 수레 등의 수를 늘리면, 그 수가 배로 늘어날 것이다. 이는 어려운 일이 아니다. 그렇다면 무엇이 배로 늘리기 어려운가? 오직 사람만이 배로 늘리기 어렵다. 옛날에 성왕이 법을 만들면서 말했다. "남자 나이 스물이면 감히 장가들지 않으면 안 되고, 여자 나이 열다섯이면 사람을 섬기지 않으면 안 된다." 이것이 성왕의 법이다. 성왕이 돌아가신 후 이에 백성이 제멋대로 하여 빨리 장가들려는 자는 스무 살에 장가가지만 늦게 장가가려고 하는 자는 마흔 살에 장가

가기도 한다. 그 이름과 그 늦음을 나눠 보면 성왕의 법보다 십 년이 뒤진다. 만일 모두 삼 년 만에 아이를 낳아 기른다면 자식 두셋을 낳을 수 있다. 이것이 백성에게 일찍 장가가게 해 인구를 배로 늘릴 수 있는 유일한 일이 아닌가? 하지만 지금은 그리하지 않는다. 지금 천하의 위정자는 인구를 적게 하는 길을 따르는 경우가 많다. 백성을 지나치게 부리고 그 세금을 많이 거둬, 백성은 재물이 부족해 얼어 죽거나 굶어 죽는 자가 헤아릴 수 없을 정도로 많다. 또 대인이 군사를 일으켜 이웃 나라를 정벌해 길게는 일 년, 짧으면 몇 달이 걸려 남녀가 오랫동안 서로 만나지 못하니 이것이 사람을 줄이는 길이다. 거처가 불안하고 먹고 마시는 때가 일정하지 않고, 병이 나서 죽는 자와 무기를 들고서 성을 공격하고 들판에서 싸우다가 죽는 자도 헤아릴 수 없을 정도로 많다. 이는 위정자들이 인구를 줄이는 길, 즉 정책을 써서 일어난 것이 아니겠는가? 성인이 정치를 할 때는 특히 이런 일이 없었다. 성인이 정치를 할 때는 인구를 늘리는 길, 즉 정책을 써서 일어난 것이 아니겠는가?

有去大人之好聚珠玉鳥獸犬馬, 以益衣裳宮室甲盾五兵舟車之數, 於數倍乎! 若則不難, 故孰爲難倍? 唯人爲難倍. 昔者

聖王爲法曰 "丈夫年二十, 毋敢不處家. 女子年十五, 毋敢不事人." 此聖王之法也. 聖王既沒, 於民次也, 其欲蚤處家者, 有所二十年處家. 其欲晚處家者, 有所四十年處家. 以其蚤與其晚相踐, 後聖王之法十年. 若純三年而字, 子生可以二三年矣. 此不惟使民蚤處家而可以倍與? 且不然已. 今天下爲政者, 其所以寡人之道多. 其使民勞, 其籍斂厚, 民財不足, 凍餓死者不可勝數也. 且大人惟毋興師以攻伐鄰國, 久者終年, 速者數月, 男女久不相見, 此所以寡人之道也. 與居處不安, 飲食不時, 作疾病死者, 有與侵就伏橐, 攻城野戰死者, 不可勝數. 此不令爲政者所以寡人之道數術而起與? 聖人爲政, 特無此, 不聖人爲政, 其所以眾人之道亦數術而起與?

이에 따라 묵자는 이렇게 결론을 내립니다.

그러므로 묵자는 말한다. "쓸데없는 비용을 없애는 것이 성왕의 도이자 천하의 큰 이익이다."

故子墨子曰 "去無用之費, 聖王之道, 天下之大利也."

실천에서 나온 현학顯學

묵자의 또 다른 핵심 사상으로 '명귀'와 '천지'가 있습니다. '명귀'는 귀신이 존재한다는 주장이고, '천지'는 의지를 가진 인격천人格天이 존재한다는 주장입니다. 이 논지는 인본을 중시하는 주나라 문화와 완전히 상반됩니다.

하지만 이 주장들은 오늘날 거의 인정받지 못할뿐더러 춘추 시대와 전국 시대가 교차하는 시기에 큰 영향을 미치지도 못했습니다. 묵자의 개인 색채가 강한 '명귀'와 '천지', 운명론을 부정하는 '비명'은 심지어 후대 묵가조차 외면해 버렸으니까요.

이 밖에 묵자는 '상현'을 주장했습니다. 친족을 주로 등용하는 당시 봉건 관습에 반기를 들었던 것이죠. 하지만 이는 묵자만의 주장이 아니라 당시 빠르게 형성된 공통된 인식이었습니다. 봉건 질서를 보존하고 주나라 초기의 이상적인 사회로 돌아가자고 주장했던 공자도 일단의 능력 있는 제자를 양성해 친족 관계가 아닌 제후나 대부에게 임용하도록 추천했습니다. 이런 시대 변화와 치열하고 잔혹한 경쟁 앞에서 누구나 인재의 중요성을 인식했기 때문에 '상현'에는 반대하는 이가 없었습니다.

전국 시대에 이르러 유능한 인재 등용은 단지 생각이나 이념에 그치지 않았습니다. 당시에는 인재를 찾고 활용하는 열풍이 불어 인재와 관련된 각종 토론이 잇달아 생겨났습니다. 이런 장족의 발전에 비춰 볼 때 묵자의 '상현'은 너무 단순하고 허술해 보이기까지 합니다.

묵가가 대대로 이어져 내려오며 보이는 가장 큰 특징은 주나라 문화에 반대하고, 또 주나라 문화를 회복하자고 요구한 유가에 반대한 것입니다. 이는 '겸애', '비공', '비악', '절장', '절용'에 잘 나타나 있습니다. 더욱 중요한 것은 묵가의 실천 정신입니다. 이들은 단순히 사상 유파에 그친 것이 아니라 행동가로서의 모습을 보여 주었습니다. 일이백 년 동안, 그들은 대를 이어 내려오며 생활 속에서 '절용'의 신념을 실천하고자 했고, 사방으로 뛰어다니며 전쟁을 막으려 했습니다. 묵자가 설파한 이론과 함께 이런 실천이 있었기에 묵가는 '현학'顯學의 지위를 쟁취할 수 있었던 것이지요.

역자 후기·공자를 딛고 일어선 실천가

　"세간에 이름 높은 학파로 유가와 묵가가 있다. 유가의 으뜸은 공구요, 묵가의 으뜸은 묵적이다."

　『한비자』「현학」 첫머리에 나오는 구절이다. 한비자가 전국 시대 말기에 살았던 인물이므로 묵가는 유가와 함께 춘추전국 시대를 풍미했던 것으로 보인다.

　주나라의 봉건 제도가 유명무실해지고 혼란이 극에 달했던 이 시기에는 다양한 사상이 등장해 각축을 벌였다. 당시 등장한 사상가 집단 중에서는 유가, 묵가, 도가, 법가가 비교적 큰 영향력을 행사했다. 그중 묵가는 유가와 대립하면서 크게 성장했고 차별 없는 사랑으로 평화로운 세상을 이루고자 했다.

묵가는 유가와 더불어 당시 사회에 큰 영향을 미쳤지만 묵가의 시조인 묵자의 성명과 출신, 생애에 대해서는 이렇다 할 구체적 기록이 남아 있지 않다. 그에 대한 공식적인 기록이라야 사마천의 『사기』 「맹자순경열전」 끄트머리에 "대체로 묵적은 송의 대부로 지키고 막는 일에 뛰어났고, 씀씀이를 줄이자고 주장했다. 어떤 이는 공자와 같은 시대 사람이라고 하고, 어떤 이는 그 후대라고 말한다"라는 기록만이 있을 뿐이다.

이런 이유로 묵자의 생애에 대해서는 다양한 의견이 난무한다. 여러 기록을 종합해 보면 묵자는 공자 사후인 춘추 시대 말기에 태어나 전국 시대 초기까지 활동했을 것으로 여겨진다.

묵자의 출신에 대해서도 여러 가지 설이 있다. 일반적인 정설로는 묵자가 상류층이기보다 천민이라는 데 무게가 좀 더 쏠린다. 동시대 사람들이 묵자의 행동을 '천인이 하는 짓'이라 했고 그 역시 천인을 자처했다는 점, 전쟁 시 필요한 수레를 직접 제작하고 수성守成 무기 제조에 능했다는 점, 비실용적인 귀족의 생활을 철저히 부정하고 근검절약이 몸에 배었다는 점으로 보아 천민 출신의 기술자였을 가능성이 높다. 당시 얼굴에 글자를 새기고 먹으로 물들여 노예로 삼던 묵형墨刑이라는 형벌이 있었기 때문에 묵자의 묵墨은 성이 아니라 형벌 이름을 지칭한다는 주장도 있다.

사실 묵자는 처음에 유학을 공부했다. 그러나 유가의 이론과 방법으로는 천하의 혼란과 현실적인 문제를 해결할 수 없음을 깨닫고, 유가와 다른 문제 인식을 통해 세상을 구제하고자 했다. 공자가 주나라 문화에 함축된 정신을 발굴하는 데 힘쓰고, 그러한 인문 가치를 회복해 난세를 구하고자 했다면, 묵자는 봉건 질서 바깥의 시선으로 봉건 질서에 내재한 결점이 바로 난리의 근원임을 깨닫고 과감하게 봉건 질서를 포기해야 비로소 난리가 잠잠해진다고 여겼다.

묵자는 유가의 번거로운 예절은 백성의 생산력을 저해하여 재물을 낭비하고 백성을 가난하게 할 뿐이므로 실생활에 꼭 맞는 사상과 행동으로 현실을 바꿔 나가고자 했다. 그리하여 형식과 명분을 엄격하게 따지는 유가 사상에서 벗어나 실용과 실질을 앞세운다면 백성이 편안하고 행복하게 살 수 있다고 주장했다.

또한 묵자는 세상이 어지러운 이유를 사람들이 서로 사랑하지 않기 때문이라고 보았다. 따라서 남을 자신처럼 중요하게 생각하고, 자신의 몸과 이익을 소중히 여기는 것처럼 남을 대한다면 자연스럽게 평화로운 세상이 찾아오리라고 여겼다. "남의 부모를 내 부모처럼 여기고, 남의 집안을 내 집안처럼 여기고, 남의 나라를 내 나라처럼 여겨" 사람들이 자기 또는 자기 집, 자기 나라 위주의 생각을 버리고 모든 사람을 차별 없이 사랑할 수 있다면 세상의 분쟁이나 갈등이 말끔히 사라질 것이라고 말했다.

이것이 바로 묵가의 대표적인 '겸애' 사상이다. 이런 겸애는 우선 내 부모를 사랑하고 그 사랑을 확대해서 친구의 부모, 남의 부모를 사랑하는 방향으로 나아가야 한다는 유가의 차등적 사랑과 정면으로 충돌했다. 그래서 맹자는 묵자의 겸애를 자기 아버지도 없는 짐승과 같은 것이라고 비판하기도 했다.

　묵자는 시종일관 고통받는 하층민의 입장을 대변했다. 묵자는 연이은 전란으로 신음하는 백성에게 진심 어린 동정심을 가지고, 그 고통을 근본적으로 해결하고자 여러 나라를 다니면서 제후들을 설득했다. 또한 백성의 삶을 번거롭게 하는 모든 것에 반대하고, 그것을 온몸으로 실천하고자 노력했다. 그러다 보니 모든 것을 지극히 실질적이고 실용적인 관점에서 이해했다. 유가에서 중시하는 장례 의식을 허례허식에 치우친 것으로 보아 간소하게 치르라 했고, 악기나 음악은 나라에 아무런 이익도 가져다주지 못하므로 음악에 시간과 재물을 낭비하지 말라고 강조했다.

　하층민을 대변하고 실천에 앞장서 각광을 받았던 묵가는 한나라 이후 줄곧 유가 사상이 중국 역대 왕조의 통치 이념으로 자리매김한 탓에 설 땅을 잃고 말았다. 어쩌면 기원전에 이미 만민평등 사상을 설파해 시대를 너무 앞서 나갔기 때문일지도 모른다. 묵가 사상은 2천 년간 빛을 보지 못하다가 중국의 근대 지식인을 통해 새롭게 조명받으면서 중요한 사상으로 자리를 잡게 되었다.

　이 책에서는 묵가의 핵심 사상인 '겸애'를 중점적으로 다루면서 '비공', '비악', '절용' 등 다른 사상들도 간략하게 설명하고 있다. 『묵자』는 텍스트가 난해해서 접근하기 쉽지 않은데 심입천출深入淺出하는 저자의 글쓰기 덕분에 묵자와 부쩍 친해진 느낌이다. 이 책이 민중의 대변자였던 묵자의 삶과 철학에 좀 더 가깝게 다가갈 수 있는 좋은 길잡이가 되리라 믿는다.

묵자를 읽다
: 생활 밀착형 서민 철학자를 이해하는 법

2017년 9월 24일 초판 1쇄 발행

지은이	**옮긴이**
양자오	류방승

펴낸이	**펴낸곳**	**등록**
조성웅	도서출판 유유	제406-2010-000032호(2010년 4월 2일)

주소
경기도 파주시 책향기로 337, 308-403 (우편번호 10884)

전화	**팩스**	**홈페이지**	**전자우편**
070-8701-4800	0303-3444-4645	uupress.co.kr	uupress@gmail.com

페이스북	**트위터**	**인스타그램**
www.facebook .com/uupress	www.twitter .com/uu_press	www.instragram .com/uupress

편집	**영업**	**디자인**
이경민	이은정	이기준

제작	**인쇄**	**제책**
제이오	(주)민언프린텍	(주)정문바인텍

ISBN 979-11-85152-70-7 04150
　　　979-11-85152-02-8 (세트)

이 도서의 국립중앙도서관 출판예정도서목록(CIP)은 서지정보유통지원시스템
홈페이지(seoji.nl.go.kr)와 국가자료공동목록시스템(www.nl.go.kr/kolisnet)에서
이용하실 수 있습니다.(CIP제어번호: CIP2017022702)